続 終の棲家を求めて

ある内科医が挑戦した30年の記録

施設内看取り85%を達成して

光が丘パークヴィラ 代表
中村美和
Yoshikazu Nakamura

幻冬舎MC

光が丘パークヴィラの建物

正面入口

玄関から中庭を一望

ケアセンター

ケアセンター屋上より本館を望む

本館から離れた斎場

光が丘パークヴィラの共有部

中庭を一望するロビー

入居者の作品を展示した廊下のギャラリー

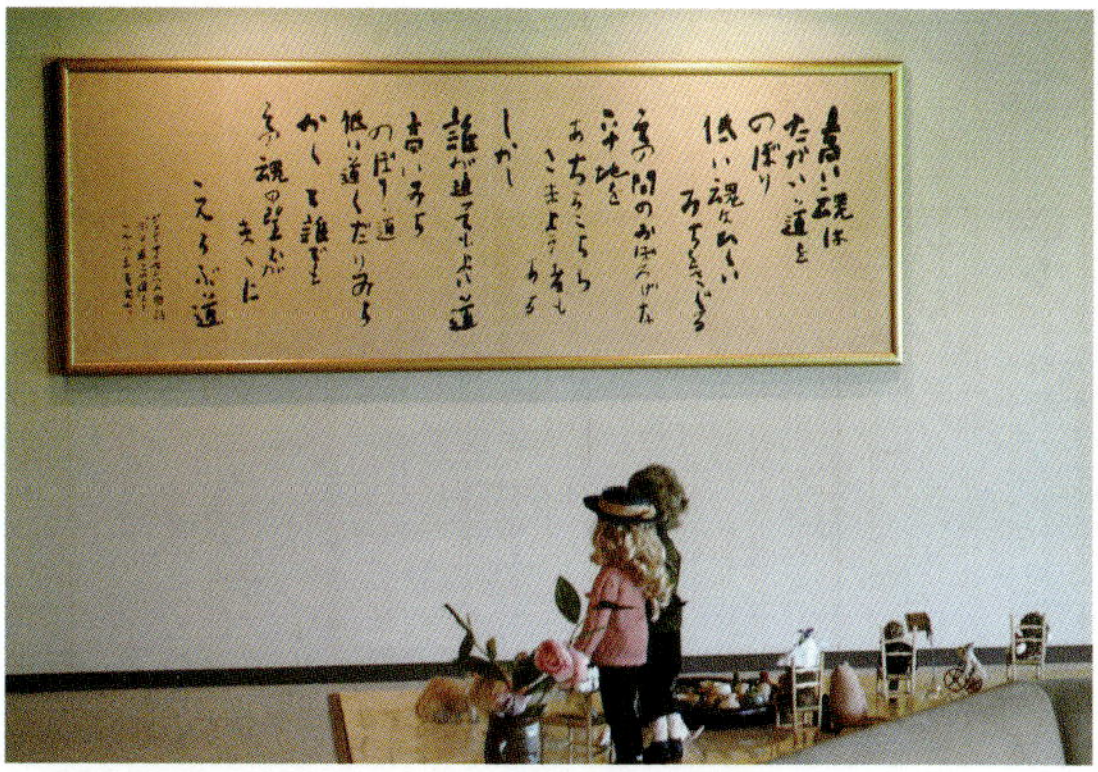

来訪者も足を留めるロビーの額「山の詩」

食堂はトーネット社の家具で統一

風情ある大広間

光が丘パークヴィラのイベント

一流の音楽家を招いてのコンサート

熊谷喜八のスペシャルディナー

納涼祭の和光太鼓

納涼祭の阿波踊り

クリスマスのイルミネーション

光が丘パークヴィラの四季

春の里桜と花水木の競演

夏の中庭

春を告げる中庭のカタクリ

花水木の紅葉

雪に覆われた冬景色

居室紹介

Aタイプはワンルーム

Aタイプ モデルルーム（家具を工夫して）

Bタイプは間仕切りできる

続・終の棲家を求めて

ある内科医が挑戦した30年の記録
施設内看取り85%を達成して

はじめに

終《つい》の棲家《すみか》――それは、最期《さいご》の時を迎えるまで、心安らかに暮らせる場所である。その場所は本来ならば、長年住み慣れた我が家であるべきだろう。

しかしながら、少子高齢化の問題が取り沙汰《ざた》されるこの日本で、同時に進んだのが核家族化であった。子供たちはやがて独立して家を離れ、マンションへ移り住むようになる。子供の手が離れたとほっとするのも束《つか》の間、年々、年老いて、次第に一軒の家を維持管理しながら、家事や生活の雑事をこなすことが大変になってゆく。夫婦で支え合えば何とかできるが、一方が不自由になれば生活が困難になる。一人暮らしではなおさらだ。子供を頼ろうにもマンション暮らしでは気が引けるし、そうかといって、子供がいるのに親戚を頼るわけにもいかないし、ましてや他人に頼むわけにもいかない……。

いつまで自立して生活できるかという不安を抱えながらの生活。その生活が止まって最期を迎えようという時に、誰も看取ってくれる人がいないのではないか――。

この不安が現実のものとなり得る、そんな社会に日本がなってしまったことを示唆《しさ》するのが、後を絶たない老人の孤独死を報じるニュースである。住み慣れた我が家で心安らかに最期を迎えたい、家族に看取られたいという、そんなごく当たり前のことが叶《かな》えられないような時代を迎えているのである。

〝我が家とはいかなくても、我が家で暮らすような感覚で、いや、我が家で暮らすよりももっと安心して快適に、そして楽しく暮らせる場所をつくれないだろうか――〟

光が丘パークヴィラは、そんな私の思いを乗せた「終の棲家」として、1985年にオープンした高年者専用住宅である。

「高齢者」ではなく「高年者」と名づけたのは、まだまだお元気で活躍されているご年配の方々を「高齢者」とお呼びするのは失礼ではないか、その方たちにも抵抗感があるのではないかと考えたからである。しかし、そうした私の意に反して「高齢者」という表記は世間一般に定着しつつあるので、文中ではこの言葉も使用させていただいたことをお許しいただきたい。

2011年3月初旬、光が丘パークヴィラが開設して25年を過ぎたのを記念して、幻冬舎ルネッサンス（現在は幻冬舎ルネッサンス新社）から、『終の棲家』というタイトルで本を出版した。反響は大きかった。

しかし、それほど日が経たずして、その本を読み返していた時だった。ぐらぐらきた。東日本大震災と福島第一原子力発電所事故の発生である。〃メルトダウンしたらどうなるか〃――私自身、恐怖が走り、それを心配するほうが先だったから、世の人たちはなおさら、老後の心配どころではなくなった。

拙著《せっちょ》が発売されて以来、地元の施設の本だということで特別コーナーを設けてくれていた近所の書店でも、そのコーナーは地震と放射能の本にとって代わられた。出版社はそれでも新聞広告も出すなどして販促に努めてくれたが、3回版を重ねたところでしぼんでしまった。より多くの人々に光が丘パークヴィラを知ってほしいという希望がそがれ、残念な思いが残った。

しかし、その後もぽつぽつ売れて問い合わせもあり、各地の図書館にも備えていただいている。そのコンセプトは今も生き続けており、ますます重要になっていると認識している。というのも、あれから6年、いまだ高齢化は着実に進み、超高齢化社会といわれるようになってもなお、老人の受け皿の問題に改善の兆《きざ》しが見られないからだ。改善されていないどころか、他の先進国に比して後《おく》れをとっているのが現状である。

予想をはるかに超えるスピードで押し寄せる長寿化の波、そのスピードに相変わらず追い付くことができないでいる日本の政治・行政。この先どうなるのか、どうするのか、まだまだ答えが見つからないまま、手探りの状態が続いている。

私自身、その答えはまだ見つかっていない。しかし、克服《こくふく》すべき課題は見えてきたように思う。前著を増補し編集し直す形で、天寿を全《まっと》うするとはどういうことか、何が幸せか、医療はどこまで支えられるか、支えるべきか。光が丘パークヴィラが開設30年を経たのを機に、そんなことを考えながら、この続編を書いてみた。

みなさんにも、ともにお考えいただくことができたらと願っている。

目次

第2章 開設から30年が過ぎて 53

第5章 迷走する行政の施策 189

編集協力　佐藤由美（株式会社ペリカン）
カバーデザイン・DTP　河合孝則（株式会社ペリカン）
カバーイラスト　漆原冬児

第1章

「光が丘パークヴィラ」そのコンセプト

高齢者が胸を張って住める住宅を

＊老人ホームは姥捨山？

学生時代、ある風土病の研究に同行し、五島列島の小島に行ったことがある。150人くらいの集落で、各家の隣には小さな家が建てられていた。訪ねると、うす暗い中から老人が出てくる。若い人は外へ働きに出ていて、一種の姥捨山《うばすてやま》なのだろう。母屋の脇でひっそりと暮らし、最期は水だけを与えられ、自然に死んでいく。昔はそんな形で死を看取られていたのだろうと想像できた――。

日本における有料老人ホームの歴史は、1963年に制定された老人福祉法に遡《さかのぼ》る。老人福祉法は、独立した制度として老人福祉施設の設置を具体的に定めた最初の法律である。それ以前に高齢者が入所可能な公的施設といえば、生活保護法に位置づけられた生活困《こん》窮《きゅう》者を救済するための養護施設であった。老人福祉法が制定されて、その養護施設が養護老人ホームとして引き継がれたほか、経済状況にかかわらず介護を必要とする高齢者を養護する特別養護老人ホーム、自活困難な高齢者のための低価格な経費老人ホームが新たに加えられた。

有料老人ホームはこの時点ではまだ、雑則の中で定義されていただけだった。章として謳《うた》われるようになったのは、1990年の改正時からである。その後、2000年に介護保険法が施行されて特定施設となり、多様化がいっそう進むことになった。

なお、介護保険法の施行により、老人福祉施設のすみ分けも一新されて、長期滞在型の介護療養型医療施設、リハビリを目的とする短期滞在型の介護老人保健施設（老健施設）、重度要介護者の介護に特化した介護老人福祉施設（特別養護老人ホーム＝特養）と、入所目的で縦割りされた形となり、それが現在まで引き継がれている。

こうした老人施設への入所は、今でこそ特別なことではなくなってきたが、私がまだ内科クリニックを経営していた1975年頃は、老人福祉法が施行されたといっても、政策はまだまだ不十分だった。折しも高度経済成長期のさなかである。就業構造が変わり、核家族化が進み、介護者がいない家庭が増え、高齢者は病気や障害のために生活不安にさらされていた。経済状況にかかわらず入所できるはずの特別養護老人ホームも、数が足りないため、結局経済力のある人は後回しにされ、支援の対象にはならなかった。

ほかの福祉施設にも簡単には入れない。入所するためには種々の条件を満たす必要があった。さらに、この種の施設に対しては、多くの人が、家族の手にあまる老人が入れられる〝姥捨山〟という負のイメージを持っており、たとえ本人が希望しても、そんなところに入れたら親不孝だと思われるからと、家族に反対されることが多かったのである。

※脱老人ホーム

そんな時代にあって、入院していた父を病院から引き取り、介護することになった。クリニックの2階の病室を母も一緒に2人で暮らせるように改造して、二世帯住宅にした。2階で母が付き添い、1階には医師も看護師もいる。介護、医療とも24時間体制だ。そうして家族に囲まれ、父は息を引き取ったのだった。父を看取ってから、この経験を少しでも多くの老人とその家族のために役立てられないか、という思いが強く心の中に根付いた。

〝家での介護は家族に負担がかかりすぎる。医療対応はもちろん、家庭的な味も保ちながら、老人が安心して暮らせる専用の住宅がつくれないものだろうか――〟

ここに高年者専用住宅構想の原点があった。

日常生活を続けながら雑事や不安から解放されて、明るく安らかな老後を過ごせる住宅、病気や障害への対応や終身介護サービス、そして天寿を全うするための終末医療《しゅうまつ》・末期癌《まっきがん》対応、こうしたことがすべて叶えられる高年者専用住宅をめざしたかった。

それから、脱老人ホーム。従来の老人ホームにつきまとっている暗いイメージを払拭《ふっしょく》する必要もある。そのためには、高齢者が胸を張って住める、高級感あふれるつくりにしなければならない。高齢者が自ら選んで暮らしたいと思うような、魅力ある住まいを用意して、前に回って手を引くのではなく、後ろに回ってできない部分をそっと支え、いつまでも自立した生活をしていただこう――こうしたことがコンセプトとなった。

そこで生まれたキャッチフレーズが、「ホテルの機能性、マンションの気安さ、家庭の味、そして病院の機能」である。

これらがほどよく調和できれば、きっと老人が暮らしやすい住まいになる。言ってみれば、新しい形の高齢者のための集合住宅、「終の棲家」の提案であった。建設用地は、東京都立光が丘公園の隣にある、約3000坪（約1万㎡）の義父の土地を活用させていただけることになった。

その後、現在に至って我が国の高齢化と核家族化は急速に進み、終の棲家のニーズは予想以上に高まっている。改めて、私の当時のこの発想は正しかったと確信している。

❇ネーミングは〝公園の隣に佇む館〟

さて、高齢者の新しい生き方を提案し、胸を張って利用できる新しい形の高年者専用住宅をめざすからには、従来の老人ホームを連想させない、しかも高齢者の住まいにふさわしいネーミングが必要である。それも草分け的な施設であるから、責任は重大だ。そうして苦心の末に考えついたのが〝光が丘パークヴィラ〟だった。

光が丘公園の隣だから〝光が丘パーク〟、高齢者の住まい、ホテルの機能性と謳ったから〝館（ヴィラ）〟。この〝パーク（英語）〟と〝ヴィラ（フランス語）〟を組み合わせてはどうか。その当時は、こんな私製の日本語が受け入れられるだろうかと心配したが、今では、これ以上のネーミングはなかったと自負している。

❇ゆとりある都市生活を追求

いよいよ設計に入ろうという時、私は外すことのできない基本理念として、次のことを設計者に要望した。

①高齢者が安心して老後を託し、生き生きと暮らせるシステムを持った施設を実現させること。
②緑に恵まれた周辺環境に調和した、落ち着いた雰囲気の質の高い建物を創出すること。
③高齢化社会への移行の中で、従来の老人ホームの収容所的イメージを払拭した、新しい形の高齢者専用の集合住宅とすること。
④高齢者の住居であることを十分配慮した安全性と、管理方法を配慮すること。
⑤ホテルの機能性、マンションの気安さ、家庭の味、専門的ではないが病院機能、これらが調和した建物をめざすこと。

これに対して設計者からは、次のような提案が示された。

①光が丘公園に隣接した緑多い緩《ゆる》やかな傾斜地という条件を十分に生かした、周辺環境をより高める建物を実現する。
②居住部の独立性、共有部のホテル的性格、診療部の機能性、そしてそれらを有機的に結びつける管理部が調和した施設にする。

③高齢者が、安心して快適に暮らせるばかりでなく、精神的に華《はな》やいだ気分になる施設を具現《ぐげん》する。
④居住部、共有部での24時間の安全システムおよび健康管理システムを持った建物とする。
⑤入居者が、近親者や近隣の人々と自由に接触できるような閉鎖的でない施設とし、都心型有料老人ホームのモデルとなることをめざす。

この理念を具体化するために綿密《めんみつ》な打ち合わせを行い、共同でまとめた基本設計思想は以下の5項目だ。

①長大な建物による威圧感を廃《はい》した形態と、環境に融和《ゆうわ》した色彩により、周辺環境に調和させた建物。
②光・風・緑が四季折々、さまざまに語りかけてくるような平面および断面構成。
③居住部・共有部と診療部・管理部を、動線計画により有機的に結合させ、また時間帯によってそれぞれを結びつけた24時間安全管理システム。

④落ち着きとくつろぎの中にも、心地よい緊張感の漂《ただよ》う空間を意図したインテリアと、安全を十分に考慮した仕上げ材、ディテール。
⑤入居者の住まい方によって、光熱費の低減が可能なきめ細かい設備システム。

このコンセプトなら、最期まで暮らせる「終の棲家」にすることができると考えた。周辺環境にマッチするだけでなく、地球環境をさらに向上させる施設づくりであれば、さらによいものになるだろう。

また、光が丘パークヴィラは幸い環境に恵まれ、隣には広大な光が丘公園がある。森林や芝生、バードサンクチュアリがあって、緑が多いから朝の散歩は快適だ。さらに各種スポーツ施設、区立図書館、区立体育館があり、遊歩道で連結するライフステーション「IMA《イマ》」にはNHK文化センター、コンサートホール、ショッピング街もあるので、ゆったりと余暇を過ごすことができる。これならば、ご高齢の入居者も、ゆとりある都市生活を楽しんでいただけるだろう。それを支援するために、1時間に1本、成増《なります》、光が丘を巡《じゅん》回《かい》する施設専用のバスを走らせることにした。

※一つ一つが吟味されたアイテム

建設が始まると、さまざまな建材やパーツについて、見本を見ながらの確認が頻繁《ひんぱん》に行なわれた。外観はもとより、インテリアも家具も、館内サインも吟味《ぎんみ》して、雰囲気を統一した。納得のいくものが見つからない場合は、既製品を使わずに特注した。

当時は戸惑《とまど》い、迷いながらの選択であったが、完成してみれば、夢とこだわりを結集した建築である。

陽射しの変化で色を変えるタイル

長く住んでも飽《あ》きのこない、品の良い落ち着いた建物、そして周囲の環境と調和した建物にするために、特にこだわったのが外壁のタイルである。外出から帰った時、この建物を見てほっとするような色を選びたかった。しかし、都内を設計者と見て回ったが、これと思うものが見つからない。そこで彼が提案したのは、九州の窯《かま》で手焼きされたタイルだった。一枚一枚が微妙《びみょう》に違い、太陽の光で時間とともに微妙に変化する。特に夕陽を浴びると見事な色に変化した。

このタイルを、剥落《はくらく》事故を防ぐために、あらかじめ型枠《わく》にタイルを釘《くぎ》止めしてコンクリートを流し込む、打ち込みタイル工法で張ることにした。大変な技術と手間がかかった。

「今ではこのタイルは手に入りませんよ」と、何年かしてから当時の現場所長が話していた。電気炉が導入されて一様な焼き上がりになるので、もうこんな味は出ないのだと。大事にしてゆこう。自分が手がけた建物が懐《なつ》かしいのだろう、毎年見に来られては、メンテナンスについて細かい注意をしてくれる。

入居者からは、「旅行から帰ってきてこの建物が見えると、ほっとする」という声が。これこそ狙《ねら》い通りの聞きたかった言葉だ。タイルの色は、やはり正解だつた。

住む人の心をほっとさせる落ち着いた外観に

周囲に溶け込み、30年経った今も古さを感じさせない。そして何より、建築にかかわった人がみんなで打ち込んだ建物だから思い出も多く、いつまでも心を引いている。それだけに維持管理にも力が入り、職員もこまめに清掃してくれているのできれいに保たれている。見学に来られた方、とりわけ建築に携わられている方は、この建物が30年前につくられたと聞いてびっくりしている。

朱色に塗られたテラスの円柱

ロビー前の中庭に面したテラスの大きな円柱を、朱色《しゅいろ》に塗《ぬ》りたいと設計者が提案した。まだ外壁にタイルが張られておらず、白い壁の時だったから、〃それではお寺の柱のようではないか〃と思い、戸惑いを隠《かく》せなかった。

「もう少し無難《ぶなん》な色にしよう、アイボリーではどうか」

しかし設計者は自信を持っていたようで、失敗したら塗り替えるからと言われて妥協《だきょう》した。私は最初から控《ひか》えめな色にと思っていたから違和感がないかとずっと心配だった。だが、その心配をよそに、円柱を朱《あか》く塗って磨《みが》き込む。手の込んだ仕上げ方だった。お金も大変にかかった。そして案《あん》の定《じょう》、白い背景に朱色の柱は、なんとも異様に映った。しかし壁にタイルが張られ、芝生が張られてくると、なんとも見事に調和した。さすが専門家と感心。むしろ、自慢のシンボルとなった。この柱もいつまでも守っていこうと、もう4回塗装し直しているが、この色を出すのに毎回苦労している。

また、庭の木も一本一本が吟味され、設計者の目が行き届いた。植栽には外国人の研修生も参加して、設計者とともに夢を描きながら楽しんでいた。管理に手のかからない木を敢えて選んだのだが、あまりに大きくなり、伐採《ばっさい》や剪定《せんてい》、間引《まび》きを繰り返した。しかし、今もその存在感は残しており、ロビーの大きな1枚ガラスを通して眼前に迫るその落ち着きと自然の彩《いろど》りは、どんな名画よりも素晴らしいと思う。そして、テラスに建つ朱色の円柱が、実に見事なアクセントを与えている。

公園の樹木に調和するよう、一本一本の木が吟味された中庭

夕陽に映えるステンドグラス

さらにこんな提案もあった。玄関の扉と廊下の突き当たりの窓をステンドグラスにしたいと言うのである。教会のようになっては困るとこれも迷ったが、種々のデザインを検討し、できるだけシンプルなデザインにした。

廊下の突き当たりのステンドグラスは、夕陽が当たるとひときわ見事である。玄関の扉も、ちょっとしたアクセントとなり、訪れる人に良い印象を与えている。

ちなみに、ステントグラスの窓に行き当たる廊下は、建物が長大だから、とにかく長い。まっすぐにつくったのでは居室への出入りが一望となり、プライバシーが保てないため、ところどころに曲がり角をつけることにした。途中には小さなラウンジもつくり、だんらんの場とした。廊下の両端のステンドグラスは、今も美しく輝いている。

廊下のステンドグラス

軽くて壊れないトーネットの椅子

食堂やロビーの家具には、軽くて丈夫なトーネット社の曲がり木家具を選んだ。中でも食堂に置かれた椅子《いす》は傑作《けっさく》として知られ、1859年に第1号がつくられてから158年間、デザインがまったく変わっていないという不思議な家具だ。記念すべき第1回目の万博で賞をもらい、シンプル・イズ・ベストと謳われ、デザインの原点と囃《はや》された。

最初はウィーンでつくられていたが、やがて生産拠点は、ブナの材料を求めてチェコスロバキア（当時）へ。光が丘パークヴィラで使っているのはチェコでつくられたものである。その製法も昔から変わらず、不揃《ふぞろ》いなブナの木を蒸気の型に入れて成型して組み立てる。この方式は現代の生産方法に通じるもので、大量生産方式の元祖であるという。

このトーネットの椅子の模様を、食堂の衝立《ついたて》ガラスの透《す》かしにも入れた。椅子の座面にはヨーロッパで流行した当時の

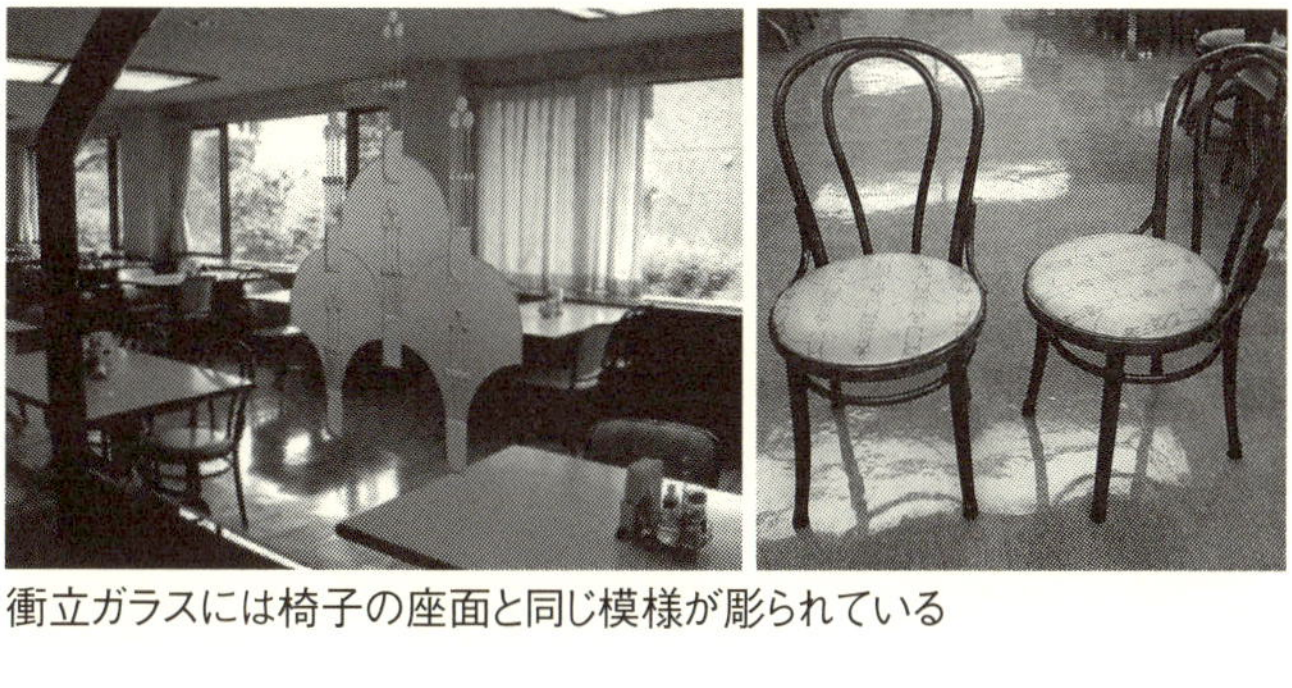

衝立ガラスには椅子の座面と同じ模様が彫られている

ものと同じ生地が使われているが、ビニールコーティングしたからほとんど汚れておらず、リフォームしてもそのままデザインは残した。30年経った今も一つとして壊れていない。だから食堂の雰囲気も30年前と変わらない。良いものは、やはり良いのだ。現代の消費文化に抵抗している貴重な家具だ。これも大事にしてゆこう。

贅沢な空間

玄関を入ると、まずはロビーのガラスから中庭の景色が飛び込んでくる。そして廊下に進むと、その中庭がぐるっと一望できる。自然光がたっぷり入るので雰囲気も和《やわ》らぎ、訪れた方々から、「玄関を入ると全面ガラスで視界が開けているので、雰囲気が明るい」とお褒《ほ》めの言葉をいただいている。こうした効果は、すでに設計の段階から意図していたものので、うまく達成できたと自画自賛《じがじさん》している。

また、ロビーの左手の壁に、ジョン・オクセンハムの「山の詩」の額を掲《かか》げた。

高い魂は
たかい道を

のぼり
低い魂は低い
　みちをさぐる
その間のおぼろげな
低地を
あちらこちら
さまよう者も
　　ある
しかし
誰が通ってもよい道
高いみち　のぼり道
低い道　くだりみち
かくて誰でも
その魂の望むがままに　えらぶ道

ロビーに掛けられたジョン・オクセンハムの「山の詩」

訪れた人が、時々書き留めている。人生を謳った詩として、心に訴えるものがあるのだろうか。ロビーに座り、庭を眺《なが》めて贅沢《ぜいたく》なシーンを味わい、額の詩を読み、また感慨《かんがい》にふける。これも成功だった。

ロビーにはほかにも鏡《かがみ》の柱、先に触れたトーネットの家具、そして開放的で贅沢な空間——こうなると、置物も絵画も吟味することになる。すべて統一された目で配置しなければならない……。

建築とは、一つひとつが作品だ。いろいろな専門家が参加してつくり上げる作品だ。しかもそこには、設計者の意図が脈々と流れている。用途に合った基本理念が大切で、図面以前の問題だと思う。設計士は、やはり芸術家なのだろう。良い設計士と関係者に恵まれたと感謝している。

❇「日本一の高年者専用住宅」

時間は少々遡り、基礎工事が始まった頃の話。ＮＨＫの取材を受けたことがあった。私は取材の席で、もう老人ホームという概念で報道するのはやめてほしい、施設の呼び方も、老人ホームという言葉は使わず、〝新しい時代の高年者専用住宅〟と表現していただきたいと頼んだ。経済もこれだけ高度成長したのだから、高齢者が選ぶ高齢者のための専用住宅ができてもよいはずだと主張したかったのだ。そうしたところ、その趣旨《しゅし》に沿って放送してくれた。

放送された後の反響は大きかった。だが、当時はまだ、介護保険法が施行される前で、有料老人ホームは認知されておらず、老人ホームの亜流《ありゅう》のように思われていた。だから、本人が気に入っても、家族が反対した。賛成すれば、家族も冷たい目で見られる。これは、1980年代半ば頃の話であるが、その認識は10年前と変わっていなかった。

初期に契約された方に、フランスで美容を勉強し、日本の初期の美容師として戦後、外国大使館のご婦人方をはじめとする外国人を顧客に成功した方がいた。東京都内の高級住宅街で暮らしていたのだが、ご主人を亡くし、高齢にもなったので、立派な邸宅を売却して光が丘パークヴィラに入居することを決めたのだった。

彼女は転居する時、近所に挨拶に回ったら、「お気の毒ね」と言われたという。そこで腹が立ったので、「私は日本一の高年者専用住宅に入るのだから幸せです」と言い返したのだとおっしゃっていた。とても嬉しくて、ありがたいお話である。

高齢になって独立住宅では生活が困難になり、マンション生活に変えたいと思っても、マンションでは高齢者が敬遠される。また、仮に入居できたとしても、隣の人を知らない、頼めないでは、日常生活に不安がある。いまこそ老人ホームのイメージを払拭した快適な高年者専用住宅をつくり、老人施設に対する世間のイメージや意識を変える時である、高年者専用住宅を、マンションと同じように住宅の選択肢の一つに加えなければいけないと、改めて強く思ったのだった。

「終の棲家」としてのこだわり

❇華美に走らず、ゆったり過ごせる空間を

落ち着いた品のある外観に合わせて、インテリアも華美《かび》なシャンデリアなどは付けないことにした。めざしていたのは高齢者が胸を張って住める、高級感あふれる高年者専用住宅だが、高級さイコール派手さではない。それに、短期間の滞在ではなく、終の棲家なの

だから、それまで住んだ家と比べて違和感があってはいけないし、長く住んでも飽きのこない落ち着いた雰囲気が必要だと考えた。当時は、高齢者の住まいに夢を与えるといって、おとぎの国のような設計・デザインもよく見受けられたが、私はそれには反対だった。

もう一つこだわったのが、ゆったり過ごせる空間を用意することだった。実際、完成した光が丘パークヴィラは、延べ床面積の50％を共有部として確保している。共有部が50％というのは、高齢化とともに活動範囲が狭《せば》まるので無駄《むだ》とも見られるが、玄関・ロビー、廊下、庭など、一つひとつの空間の広さが、人の心をほっとさせる。食堂や浴室もゆったりしたつくりになっており、こうした生活上

和風椅子を32席用意した大広間

必要なもの以外にも、多目的ホールや和室の大広間、防音設備も完備した娯楽室など、入居者が思い思いに日々の生活を楽しめるよう、さまざまな共有施設を用意した。

ただ、30年経つと入居者も高齢化し、いろいろと改良しなければならないところが出てくる。例えば和室の大広間は、畳の上の座布団では座れなくなったので、和風の椅子とテーブルに変更した。だが、それでも利用者は少ない。次は畳もやめて、洋室に変更しようかと考えている。

居室も和風から洋風に変わっている。ワンルームの考え方も定着してきた。年齢とともに変化する身体のコンディションに合わせて生活様式を変えていく必要があるのだから当

高齢化とともに居室は洋風のワンルームに

然のことだろう。

電気の明るさも変えた。当初はムード的な照明で、ホテルの部屋のような雰囲気を演出したのだったが、老人は目が悪くなるので、照度《しょうど》を上げる必要があった。そこで、柔《やわ》らかな淡光色《たんこうしょく》のLEDができたので、順次変更した。余談であるが、明るくなった光が丘パークヴィラの居室を紹介しながら、老人には明るい照明が必要だと、東京電力のコマーシャルに出演して訴えたこともある。

まだまだ課題は多いが、いろいろ考えるのも楽しいことだ。

しかしながら、設備関係には頭を抱えている。変化が激しく、10年もすると部品の供給が難しくなる。これが日本のモノに対する考え方の欠点だが、修理に不便を感じている。特に通信設備の変化は激しく、テレビも地上デジタル、光ケーブルになり、大がかりな変更工事をした。今はまだ使いこなせていない機能も多いが、将来のためには必要だろう。

規制が変わるたびに使えなくなるものが出てきて、変更工事が必要になる。これを何とかしなければ、使い捨て文化が定着してしまう。高齢者は「もったいない」という気持ちが強いから、「まだ使えるのになぜ」と思うようだ。

日本はこのところ地震や災害が多いから、建築基準や消防法も絶えず見直されている。

小手先《こてさき》の改正でしかないから、またしばらくすると次の改正に追われることになる。もっと先を読んだ改正ができないのかと不満に思う。事故が起こってから、その都度規制を変えるのでは、あまりにも先見性がなさすぎるのではないか。

❇ 趣味や娯楽は自発的に

どんなに環境に恵まれていても、施設が充実していても、不愉快な思いをしてまでそこで生活しようとは思わないだろう。重要なのは、気兼ねなく集団生活を送っていただけるかどうかである。

入居者は年齢を重ねた方だけに、誰もが豊かで充実した社会経験を持っている。個性、習慣、しきたりなども一人ひとり異なった人たちは、一定の空間を共有する生活に戸惑いを感じるのではないか。これが光が丘パークヴィラの開設に当たって最も気がかりな点だった。それをどう解決するかで頭を悩ませ、開設する前に多くの入居予定者から意見をお聞きした。そうしたところ、「今までいろいろやってきたが、入居後の団体行動は煩《わずら》わしい。リーダーができるなど、変なしがらみは嫌《いや》」との意見が多く、都会生活の在り方はそうなのだと思った。

〝プライバシーの確保を第一に、生活は今までの延長線上にあると考えたほうが、長い間には暮らしやすいことをご理解いただけるだろう――〟

地域社会の一員として今まで通り生活していただこう。ここだけで何もかもできてしまう閉鎖社会、別世界にはするまいと考えた。

そこで、施設内の団体行動は閉鎖社会をつくり、人間関係を複雑にし、不愉快な思いをされる原因にもなると考え、極力避けようと考えた。イベントも少なめにし、参加は自由で強制しない。無論、自発的な趣味・娯楽活動はお手伝いさせていただこう。そのために多目的ホール、大広間、娯楽室をつくった。後で追加した別棟のカルチャー棟には集会室、

多目的ホール

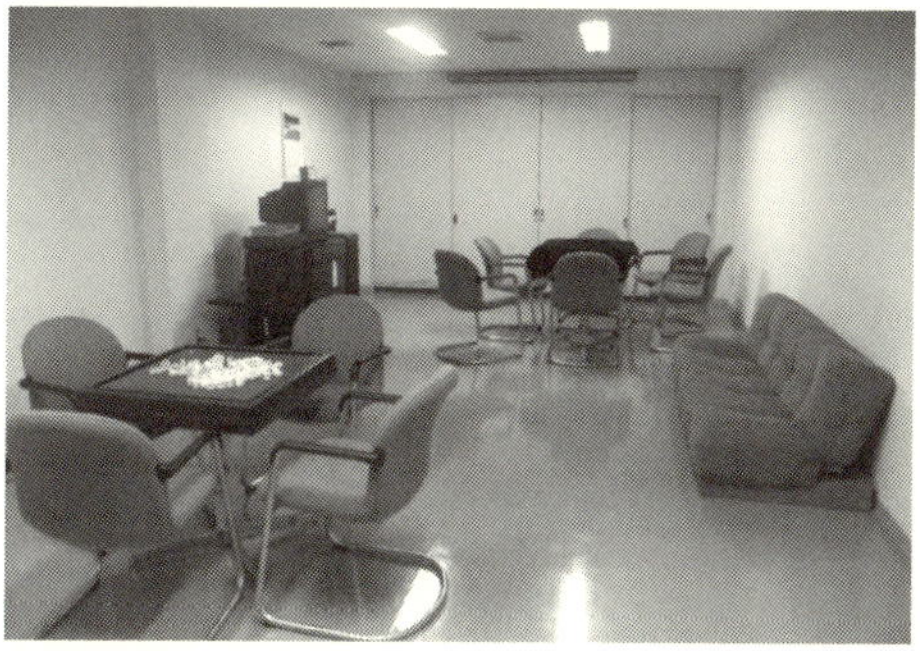

娯楽室

多目的工作室、アトリエなどがある。

　そして、あくまでも入居者の自発的な行動に任《まか》せることにして、必要な設備はご希望を聞いてから入れることにした。その結果、卓球台、ビリヤード、自動ピアノ、囲碁将棋、麻雀、図書、音楽装置、カラオケ装置、液晶プロジェクター等の映画装置などが揃った。工作室では、陶芸や七宝《しっぽう》焼きの教室も開催されることになった。

　春秋には地域の方も参加してコンサートや文化祭が開かれる。これは地域交流も目的だった。一流の音楽家をお招きしての催《もよお》しで、いつも満席の盛況だ。

　しかしながら、趣味や娯楽は年齢とともに変化していく。共有部の部屋を、自由度をも

文化祭では入居者の作品を展示

多目的工作室

たせてつくったのは正解だったし、入居者の希望で設備を揃えようというのも、合理的な方法のように思えた。それが30年経ってどうなったか。詳しくは後述するが、それでも使われなくなったものも多い。いずれにせよ、人の老いと興味は先が読めない世界だから、その都度合わせて細かく整備してゆくしかない。

※あたりまえの家庭料理をおいしく

老人食の基本は家庭料理だ。しかし開設当時、委託しているフードサービス会社は、それまで社員食堂で若い人相手の食事をつくっていたから、老人食には戸惑っていた。調理師に、家庭に年寄りはいないのかと聞くと、いないという。自分自身も学生時代は外食が多かったから家庭料理には慣れていないと。どう教育してゆくか課題だった。

とにかくこれは何とかしなければということで、入居者の中には、栄養大学で教授をされていた方もいらしたので、教育をしてくれないかと頼んだ。そして、その方の後輩の先生を招いて指導していただいたのだった。

光が丘パークヴィラの調理師に限らず、当時、給食業界では、これからの高齢化社会に向けた老人食対応への関心は高まりつつあったが、その芽はまだ出始めたばかりだった。

それが現在では、高齢者向けの宅配弁当まで普及するような時代になった。当然、光が丘パークヴィラでも、おいしい老人食、家庭料理を提供できるようになっている。

ただし、みなの口に合う味をつくることは難しい。なぜなら、それぞれ長年慣れ親しんだ家庭の味を持った人たちが一堂に集まっているからだ。特に、それまで自分で料理をしてきた女性の入居者が多いから、余計に大変だ。必ず不満が出る。アンケートも取ってみたが、両極端の意見が出るので調整できない。

料理一つを取っても時代の流れ、高齢化を感ずる。

ところで、光が丘パークヴィラにおいて、家庭の味を大切にしているのは食事だけではない。あいさつと声がけも忘れない。「行っていらっしゃい」、「お帰りなさい」と、必ず入居者に声をかける。独居《どっきょ》老人にとっては、これがたまらなく嬉しいことなのである。

❇ 席取合戦での配慮

さてさて料理が一段落すると、食堂の席の問題だ。

高齢者は同じ席で食べたいとの志向が強く、決して席を替わらない。南側は、当然景色もよく、日当たりが良いから希望者が多い。しかも、いつも決まったメンバーで占められている。また4人席を4人で使うことはなく、1人、2人で独占される。光が丘パークヴィラでは食堂は1回転、待たずに座れるようにと、100人程度の喫食《きっしょく》者に対し、174席を用意した。これなら待つことはあるまいと考えたが、まったくの誤算だった。夫婦の席に遠慮するのは仕方がないが、誰にも来てほしくない人は、4人席を1人でと頑張るから、自然と座席は足りなくなる。

入居したばかりの方が、空《あ》いている良い席に座ると、「この席は私の席です」と、古参《こさん》の入居者が立ち退《の》かせることがあった。先住者の権利だというのだろう。嫌な思いが走る。

新しい入居者には、はじめは空いている席を案内し、「慣れたら、好きな席を見つけてください」と言うようにしているが、そもそも、こんな思いをさせないための対応策をいろいろ考えた。

食事時間は朝・夕は1時間30分、昼は1時間

食堂は174席を用意

南側は食事時間が終わると喫茶室になる

とってある。みなが食事の時間を待ちかねて一斉に出て来られるが、30分もすると席はたくさん空く。そこで、食堂がオープンしてから30分は、いつも座られている方の固定席に、30分が過ぎたら、空いた席は自由席とすると決めてみた。だが、うまくゆかない。いつも座る方が早く来てくれればよいが、時間の不定な方もおられる。それで、いつも座る席が決まった人は早く来て、食事が終わったら〝空き席〟の札《ふだ》を立てて帰るようにお願いした。「固定席の方は早く出てきてください」と声をかけたのだ。そうしたところ、次第に慣れ、トラブルが解消できた。敢《あ》えて時間差をつけて来られる方も多くなった。

しかし新入居者には、この事情と仕組みを説明するのが大変だった。それで、こんな案内を出している。

「希望の席に座りたい方は、30分遅らせて食堂に来てください」

そうして時間をずらして食堂にお入りいただき、〝空き席〟の立て札を見て座ることになる。

席取《せきとり》合戦は、大浴場の洗い場でも起きる。いつも決まった場所で体を洗わないと、落ち着かない人がいるらしい。ここでも「私の席です」と言って、移動させたという。

もっとも、これは開設初期の話で、今ではそれほど激しい方はいなくなったが、いつも同じ場所に座る傾向はあるようだ。不思議なことだが、安心感があるのだろう。このようなことは男性ではなく女性に多い。入浴者が多いからだろうか。各個室にはユニットバスもあるが、Bタイプは洗い場で流せるがAタイプは洗い場で流せない。これが日本人にはしっくりこない。大浴場を使うほうが気持ちがよいし便利だ。それではほとんどの方が、ゆったり入浴できる大浴場を使っている。ちなみに、洗い場でシャワーといえば、これも開設当初のことだが、他人のシャワーがかかるといって揉《も》めたこともあった。しかし今では、立って浴びられるシャワーコーナーもつくったから、他人にかけることなくうまくいっている。

高年者の共同生活である。どうにも合わないという方もいる。ましてや席取合戦の事情を知っていれば、そうした方がいる時間は避けるよう、自然と入浴時間を調整するようになるのだが、やはり新入居者の場合、この事情がわかるまでには時間がかかる。

開設初期にはいろんなことがあった。しかし、今ではだいぶ落ち着いた。これも入居者が高齢化したためだろうか。しかし、激情的な方がいなくなったぶん、認知症の方、お体が不自由な方が増加した。認知症の方、障害のある方には、居室での入浴は避けて、大浴場で職員の介助サービスをご利用いただくよう指導している。高齢者の入浴は、ただでさえ事故が多い。浴槽《よくそう》から出られないようなことにでもなったら大変だ。

ただし、健常者《けんじょう》と一緒の入浴では、別の意味で混乱も起こるので、時間帯を分けることにした。午後2時から3時までは認知症の方や障害のある方の時間で、ヘルパーが介助して入浴する。そして、3時以後を健常者の時間とした。

あまり手のかかる方、障害の強い方には、ケアセンターの浴室（機械浴と介助浴の2種類を用意）を使っていただく。1人ずつ入れて、きめ細かな対応もできるからだ。このような方法で、今ではトラブルは起きていない。

また、こうした席取合戦の交通整理以外にも、人付き合いの煩わしさを排除するため、施設内の行事、祝事などでは、一切個人的な心遣《づか》いはしない、ヴィラが代表して行なうこととしている。ご入居に際しても、上下、両隣にタオルのみで挨拶し、ほかの方には食堂で職員が紹介することになっている。

❇ 生活から医療まで、複合的な支援をめざして

入居した時はどんなにお元気な方であっても、いずれは老化し、障害を持ったり病気にかかったりして不自由になられる。その時を見据えて体制を整えておかなければ、安心の

住まいとはならない。生活支援、介護・看護・医療支援が一連の流れの中で行なわれなければ、終の棲家にはならないということだ。これは、光が丘パークヴィラを構想し始めた当初から、私が抱いていたコンセプトである。

国が用意した老人施設は、これらの支援が縦《たて》割りとなっている。だから、状態が変われば転々と渡り歩かねばならず、安心の施設とはいえない。それに、生身《なまみ》の人間なのだから、そうスパスパと縦割りにされたところで、一つの支援で解決するというものではない。生活支援、介護・看護・医療支援は、あくまでも複合的に行なわれなければならず、だからこそ私は、どの状態にも対応できるシステムづくりが大切だと考えたのである。縦割りではなく横の連携だ。有料老人ホーム、高年者専用住宅は、病院のように、途中乗車と途中下車（入退院）を繰り返すような施設であっては困るのだ。

健康面をケアする診療所は、最初、居住棟（本館）と同じ建物内に、医療法人社団祥和会中村内科クリニックを置いた。2階部分に介護室をつくり、103戸の居室数に対して約10％の入居者を収容できる体制でスタートした。しかしその後、介護に手のかかる方や寝たきりの方、長期利用の方などが増えて、より多くのベッドを確保する必要性が出てきた。また、居住棟で暮らす高齢の健常者は、障害者や病人を目の前で見たくないという気持ちがあるし、病人や障害者のプライバシーを守る必要もある。それで1994年に別棟を建ててケアセンターを開設した。より充実した対応ができるようになり、介護保険法が施行されてからは、特定施設に指定されている。

健常者を中心とした施設では、健常者に適したレベルも保たねばならない。混在してはミゼラブルになり、住環境が壊れる。アメリカから視察に来た施設経営者も、食堂は高度障害の方と、元気な方と分けているという。食事に際しても手のかかり具合が異なるから、一緒にはできないのである。

以前、介護室が本館にあり、健常者に接近していた時は、生活が見えすぎるので、将来の自分の姿を見ることになり、健常者も障害者もお互いに嫌な思いをした時があった。自分の老後が見えるようで、噂《うわさ》ばかりが起こった。それがケアセンターを別棟にしたら、健常者は自由に、障害者は健常者の目を気にせず、お互いに支え合い、支援を受けながら生活できるようになり環境が改善した。

また、居住棟にいた方が具合を悪くされた際に、どの時点からケアセンター対応にするか、その見極めも重要だが、光が丘パークヴィラでは、医師や看護師の目で絶えず判断しながら、ご家族も、入居者も納得する形で移っていただくようにしている。必ず一定の観

1994年に完成したケアセンターの外観

医科診療室

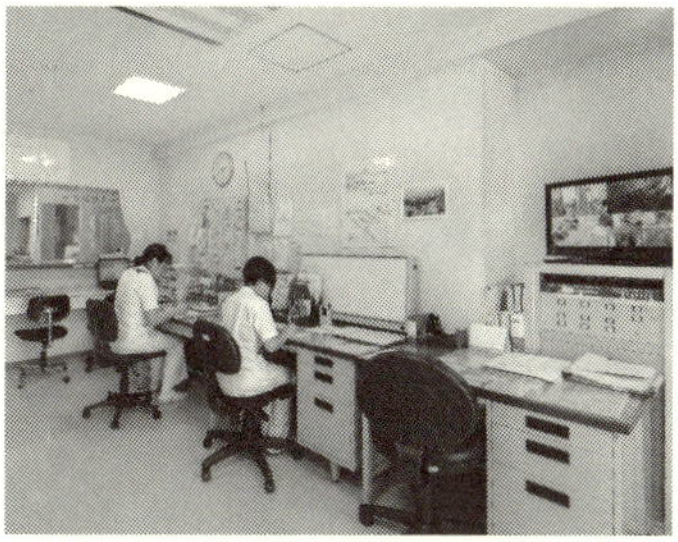
スタッフステーション

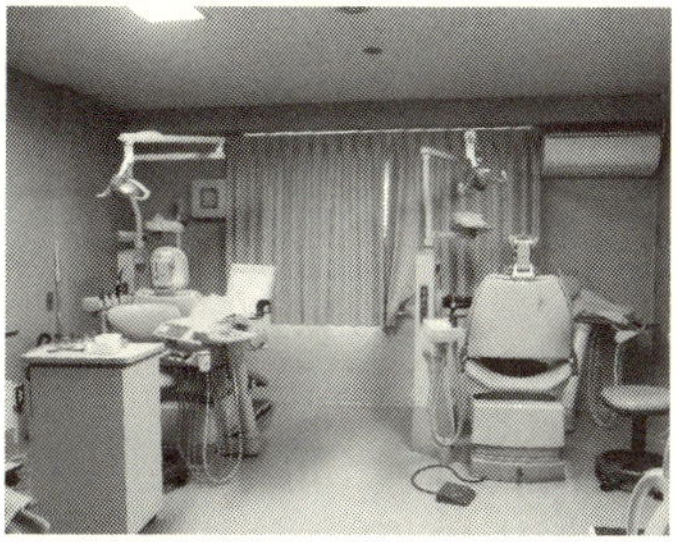
歯科訪問診療室

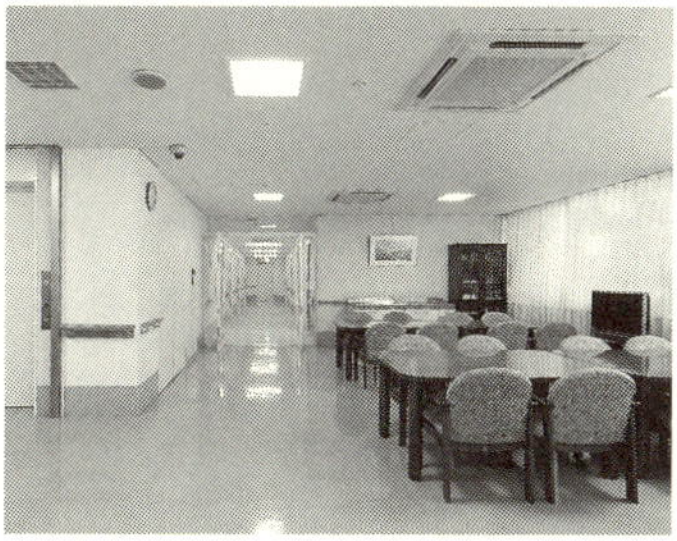
病棟のラウンジ

察期間、説得（ご理解）の期間を設けて、すぐに移り住むのではなく、ケアセンターと本館の両方に部屋を持ち、時間をかけて、本館での生活が無理なことを了解していただくのである。

日頃から入居者の様子に目を配《くば》り、生活状態を熟知《じゅくち》した上でこのような期間を置くから、スムーズな移り住みができている。

❊ 斎場とお墓も用意

光が丘パークヴィラは、最期までいられる終の棲家をめざした。健常者が暮らす本館（居住棟）とケアセンターを併設し、お入りいただいて、具合が悪くなったら最期の看取りまでしようと。これが安心の終の棲家だと考えた。

そして、終の棲家であれば、最期を迎えた入居者の葬儀も受け持たなければならないだろう。そこで建設時は、本館の半地下にあるトランクルームの隣に斎場を置くための部屋をつくった。しかし、ここで葬儀を行なっては、他の入居者にご迷惑がかかってしまう。暗い雰囲気に包まれてしまうのだ。そこで、ケアセンターを開設したのと同じ年に、隣接してカルチャー棟をつくり、その2階（ケアセンターから見ると1階）の集会室を斎場として利用することにした。葬儀の場所が本館から分離され、離れたところで行なえるようになったので、他の入居者は気持ちが楽になったのではないかと思う。

さらに、子供がいない、独身者である、入るお墓がないなど、いろいろな事情をお持ちの方が入居されるだろうから、墓地の問題も必ず起こるに違いないと考えた。それで、施設を建設するのと同時に、私の菩提寺《ぼだいじ》に頼んで納骨堂を建てた。かつて父がお寺の世話役をしており、お願いもしやすかった。しかし、これ

斎場はさまざまな形式に対応できる

斎場の入り口。正面からは1階のように見えるが、裏から見ると実は2階

は間違いだった。

奥様を亡くして入居された方がおられ、納骨が済んでいないので、最初にその方の奥様の遺骨をこの納骨堂に納めた。その後、ご主人は足しげくお参りに通っていた。そしてご自身が亡くなると、生前のお約束通り、その納骨堂に葬《ほうむ》った。永代供養には多額の寄付をされた。しかし、お寺にお世話になるには、種々の制約があることに気づく。結論から言うと、この納骨堂にご遺骨を納めたのは、結局このお二人だけだった。

本来、納骨堂とはお寺に寄付し、お寺の管理下に置かれるものである。そして一応お寺の檀家《だんか》になるわけだから、お布施《ふせ》も永代供養の費用もかかる。戒名《かいみょう》もいただかなければならない。これらの費用は未確定であいまいだったし、そもそもの納骨費用も明記されていないから、その都度相談となり、利用者に明確な返事ができない。

そして、お寺には宗派があるから、無原則に骨を納めるわけにはいかない。だが宗教・宗派は人によってさまざまで、実際、光が丘パークヴィラが開設して葬儀をしてみると、仏教だけでなく、神道、キリスト教、無宗教……と、形式は多様。お寺に納骨できない例も出てくる。

どうしたものかと考えていた時、沿線に新しい霊園ができたと職員が教えてくれた。通勤電車の中吊《なかづ》り広告で知ったという。

さっそくその霊園を見に行ったところ、武蔵野をしのぶ丘の上にあり、周囲には緑があふれ、とても良い環境だった。

宗教は自由、費用についても料金表が明示されていた。まだできたばかりで、区画もたくさん空いている。私はこの霊園の一番良い場所に、大区画のお墓をつくった。

宗教色をなくし、墓誌も戒名ではなく俗名《ぞくめい》(実名)で記載することにした。大きな石碑には「安らかに」と書いた。光が丘パークヴィラでお亡くなりになった方に、安らかにお眠りいただきたいとの願いを込めてのことだった。

石碑《せきひ》の銘《めい》は、その当時に入居されていた書の先生に書いていただいた。

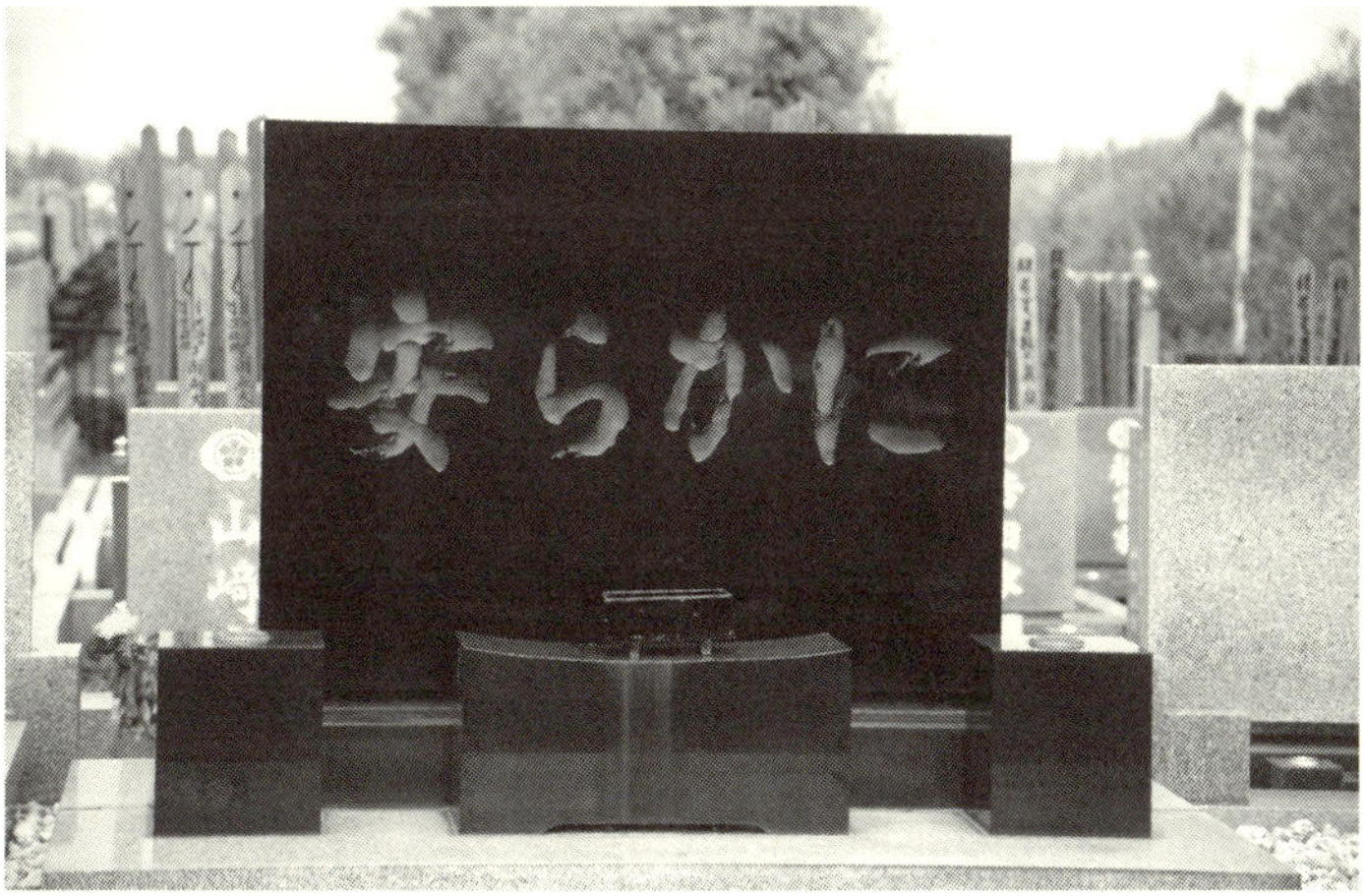

光が丘パークヴィラの共同墓地

※浦良一先生のご来訪

さて、施設がひと通り完成して入居者が入り、息が吹き込まれた光が丘パークヴィラに、ご入居中の知人を訪ねて、日本病院建築協会元会長の浦良一先生（故人）がお見えになられた。せっかくの機会なので、いろいろ話を伺った。そうしたところ、この光が丘パークヴィラの建築を絶賛してくださり、次のようにおっしゃられたのだった。

「私は病院や老人施設の箱物をたくさん設計してきたが、そこに暮らす人々の実態をあまり考えてこなかった。ここで暮らす人々の実態を、今建築を学んでいる学生が自分の目で見て、将来の建築設計に役立てられるようにしたいのだが」

そのように感じていただけたとは嬉しかった。浦先生は、さっそく教え子の教授から、当時教鞭《きょうべん》を執《と》られていた首都大学東京の学生を紹介され、私たちは、その学生の卒業論文のお手伝いをすることとなった。また、浦先生はその後、講演会などにおいて、光が丘パークヴィラを好例としてよく取り上げてくださっていたようだ。

第2章

開設から30年が過ぎて

押し寄せる超長寿化の波

※アラハン世代の台頭

１００歳前後の老人のことを「アラハン世代」という。「アラ」はアラウンド（around＝およそ）、「ハン」はハンドレッド（hundred＝１００）の略だという。テレビや雑誌では「１００歳でお元気な方が増えている」と、報道されるようになった。今や日本国内で暮らす１００歳以上の老人は6万人を超えており、然《さ》る長寿遺伝子を研究しているグループは、１００歳以上を対象としたのでは調べきれないので、調査対象年齢を１０５歳以上に引き上げたという。

光が丘パークヴィラでも、開設して30年が過ぎ、ここ最近は、１００歳台の方がいつもいらっしゃるようになった。珍《めずら》しいことではなくなったから、お祝いも簡素化してきている。最初に１００歳になられたのはお2人だったが、その記念すべき第1回目のお祝いの会は、たくさんの人が集まり、音楽家も招いて盛大に行なわれた。しかし今では、しばしばあるから、誕生会の拡大版程度になっている。

図1は、2016年7月時点での、光が丘パークヴィラ入居者の年齢分布を示したものだ。80～94歳がピークで、100歳を超えた方が3人。光が丘パークヴィラの今までの最高年齢は108歳で、以下105歳、102歳と続くが、この記録は更新されそうだ。

入居時の平均年齢も上昇している（図2→56ページ）。直近5年間の平均年齢を見ると、男性は80歳に近づき、女性は80歳に達している。だが、驚《おどろ》いてはいけない。90歳、あるいは90歳を過ぎたお元気な方からの入居のお問い合わせもしばしばいただくのである。入居者の中にもこれまで、90代で海外旅行をした方や、午前中に週3回、大企業に出勤してい

図1　入居者の年齢分布（2016年7月現在）

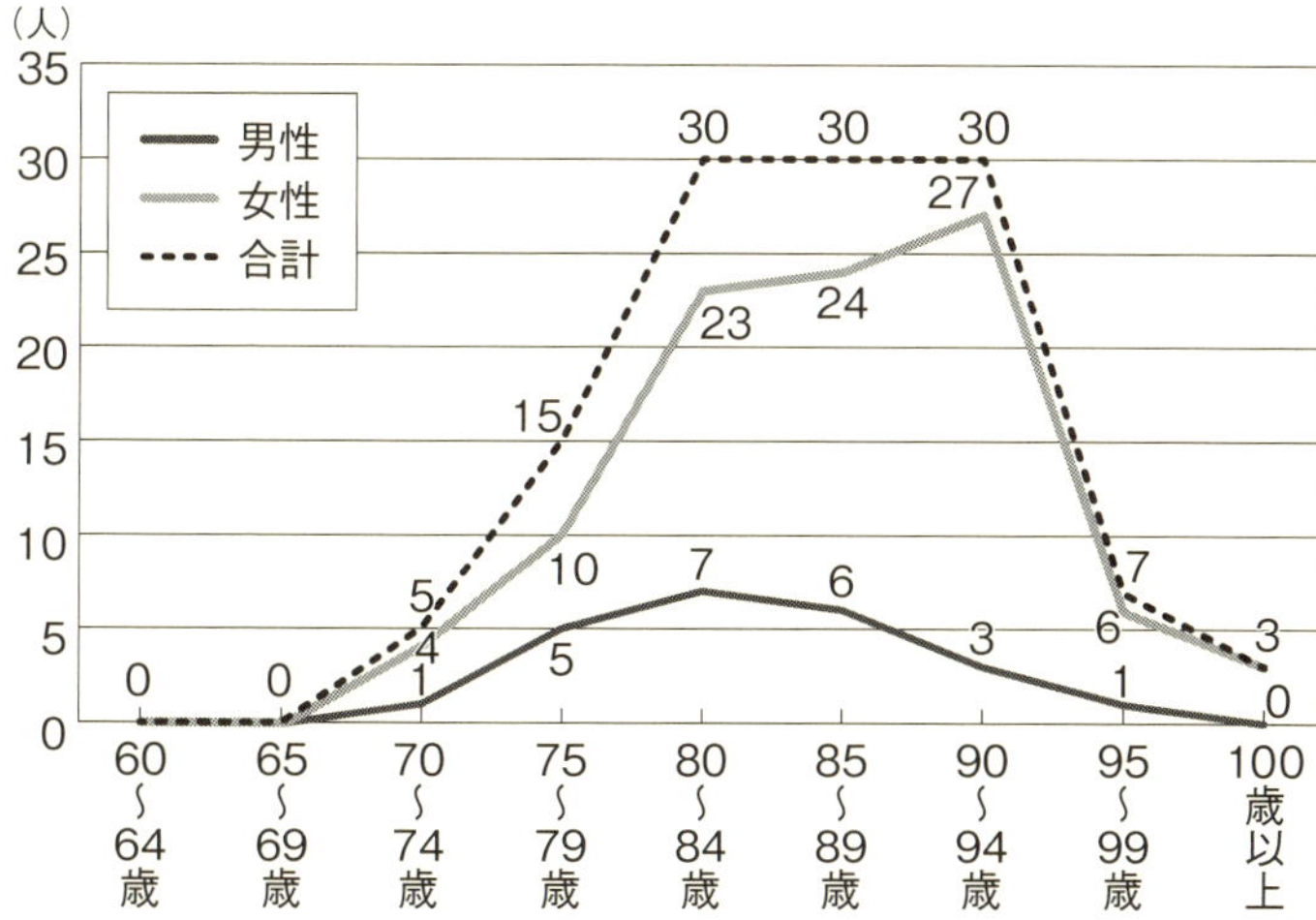

た方がいた。

元気なアラハン世代は、今後もまだまだ増加するものと思われる。光が丘パークヴィラでは、入居する際の年齢条件を90歳以下とさせていただいているが、近い将来、検討し直す必要に迫られるかもしれない。

✻ 着実に進む長寿化

２０１７年７月、厚生労働省（以下、厚労省）が発表した日本人の平均寿命は、男性80・98歳、女性87・14歳で、平均すると84・06歳である。

前著『終の棲家を求めて』では、２００９年に発表された平均寿命を紹介しており、男性79・59歳、女性86・44歳。男性は世界第４位、女性は世界第１位であった。男女を平均する

図2 入居時の平均年齢の推移

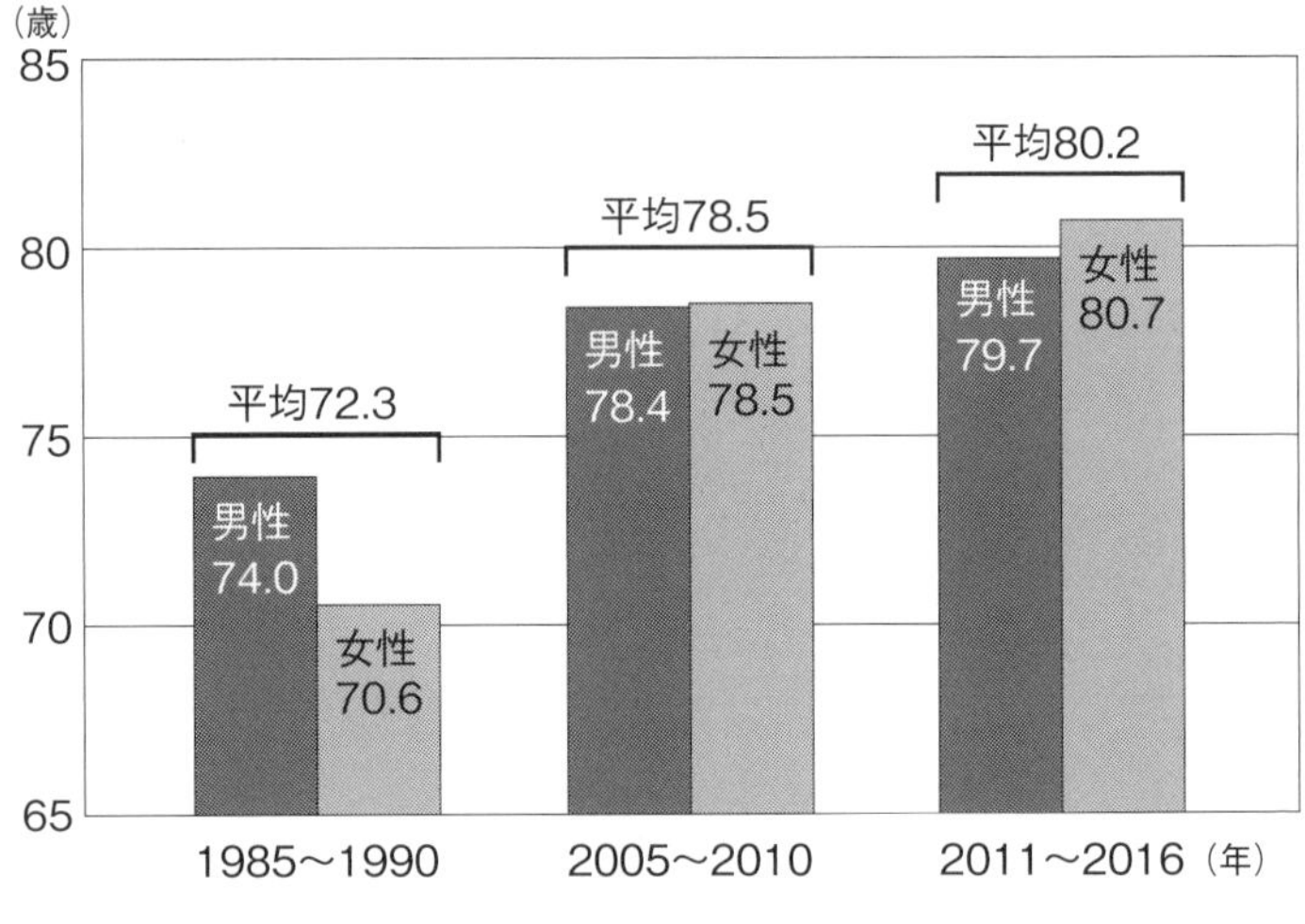

と83・02歳であるから、ただでさえ世界水準でも高いところ、この8年間でさらに1歳以上、日本人の寿命は延びたということだ。

光が丘パークヴィラでも、入居者の長寿化は着実に進んでいる。開設した１９８５年時点での平均年齢は72歳であったが、30年経った２０１５年には86歳となり、14歳ほど高くなっている（図3）。開設当初は、こうなるとは予想していなかった。平均年齢が、日本人全体の平均寿命を超えているのだ。

ちなみに、ケアセンターで暮らす入居者だけに絞《しぼ》れば、その平均年齢はさらに高くなり、91歳。何らかのケアが必要になって移り住むのだから、より高齢の方が多くなるのは当然といえば当然のことだが、それでも様子を

図3　入居者の平均年齢の推移

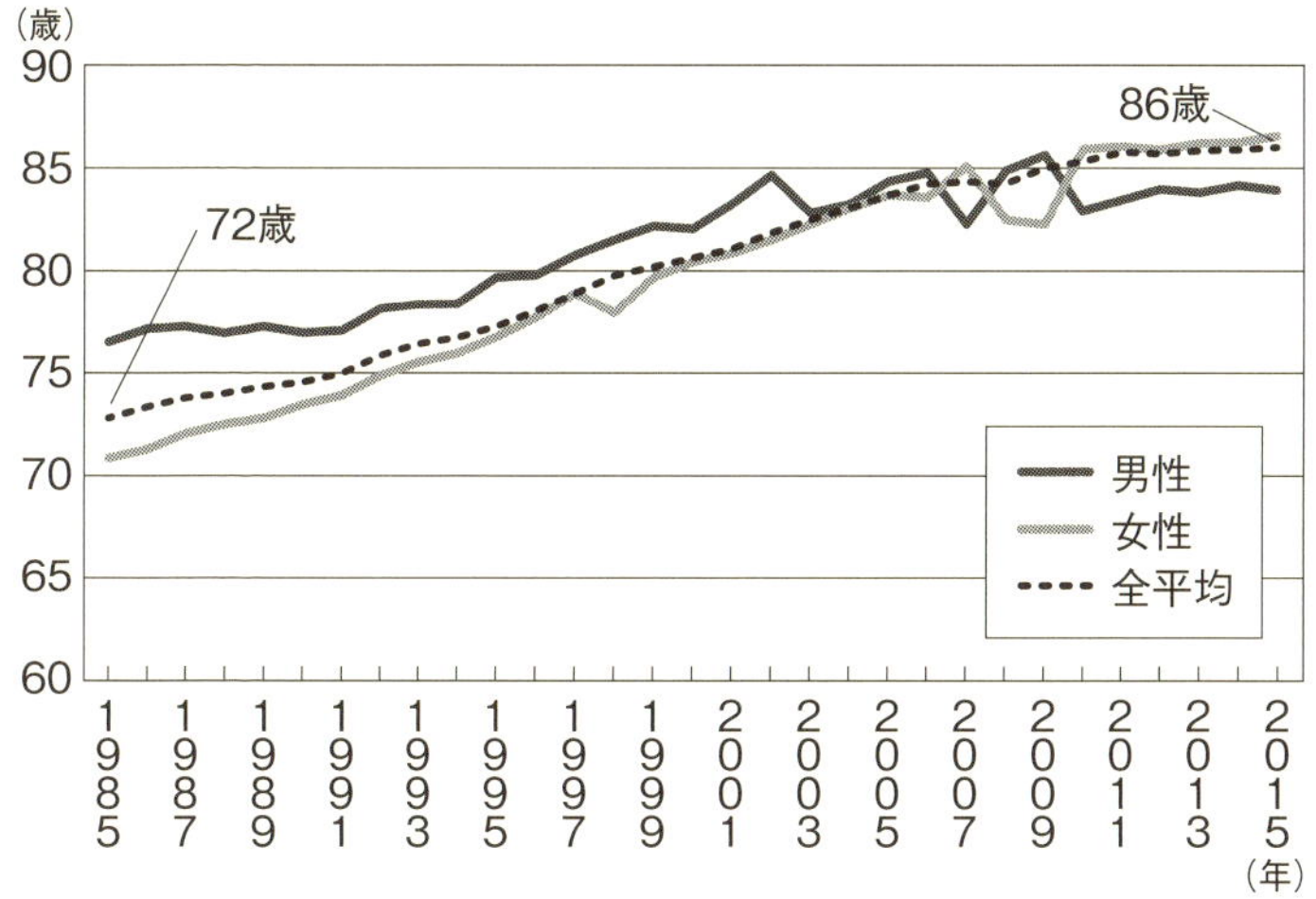

うかがっていると、光が丘パークヴィラに入居されている方々は、概《おおむ》ね兄弟姉妹の中では一番のご長命である。当施設の快適な生活環境も、長寿化を手伝っているのではないか。しかし、長寿は喜ばしいことだが、時につらいこともある。入居した頃は子供が会いに来ていたのに、だんだん姿を見せなくなり、代わりに孫が会いに来るようになる。子供も高齢化しているのだ。そして、入居者が100歳を超えてくると、さっぱり姿が見られなくなってしまい、その実、子供のほうが先に亡くなられてしまったということも。しかしそれを、入居者のコンディションによってはお伝えできない場合もある。

✻入居金の改定

光が丘パークヴィラの入居者が一般のお年寄りと比べて長寿であるのは、施設運営者としては誇《ほこ》らしいことである。しかし、長寿であるがゆえに頭を悩ませることになったのが、入居金の改定である。

2015年5月に老人福祉法が改正されたのを受けて、同年12月には、有料老人ホーム設置運営標準指導指針（以下、指針）も改正された。契約形態などの見直しが要請《ようせい》されたことに基づき、翌2016年4月1日からの適用に向けて、全国の有料老人ホームが入居金を改定することになった。これも、長寿化の波を受けてのことである。

光が丘パークヴィラは開設以来、入居してから終身にわたって必要な経費を入居契約時に一括してお支払いいただく前払金制度を導入している。その従来の内訳は次の通りである。

前払金＝（月額家賃×想定居住期間）＋（敷金）

家賃については、光が丘パークヴィラは居室専有部分が48％、共有部分が52％と、共有部分が多く占める特殊建物であることから、共有部分の賃料相当額が加算される。その計算方法は次の通りで、居室専有部分と共有部分の割合はそれぞれ50％としている。

家賃＝（居室専有部分の賃料）＋（共有部分の賃料相当額）

1室に1人で入居する場合は、（居室専有部分の賃料）＋（共有部分の家賃相当額×1）

1室に2人で入居する場合は、（居室専有部分の賃料）＋（共有部分の家賃相当額×2）

これに、想定居住期間を乗《じょう》じた額を入居時にお支払いいただき、想定居住期間内で退居した方には、その分を日割《ひわ》り計算して返還する。

なお、家賃の設定について指針には、「近傍《きんぼう》同種の住宅の家賃から算定される額を大幅に上回るものでないこと」と示されており、先の計算方法によって算出された家賃の額は、近傍同種の住宅の家賃と隔《へだ》たりがないものとして東京都からも承認されている。

敷金も退去時には全額返還するが、実質的には退去時にかかった諸費用、および施設内の斎場で葬儀を行なった死亡退去者については、その葬儀費用も合算して差し引いた残りの額を返還することになる。施設内の斎場・設備の使用料は、敷金で十分賄《まかな》える金額設定となっており、身元引受人の負担軽減につながっている。

さて、今回の改正では、前払金制度を導入する施設においては、長寿化に鑑《かんが》み想定居住期間の設定を見直すとともに、その想定居住期間を超えて契約が継続する場合に備え、事業者が一定額を非返還金として契約時に受領できるようになった。いわば、相互扶助《ふじょ》の形で〝長生きリスク〟を軽減しようという措置《そち》である。したがって、現在の前払金の内訳は次のようになっている。

前払金＝〔月額家賃×想定居住期間〕＋〔敷金〕＋〔長生きリスクを軽減する互助金《ごじょ》〕

家賃・敷金＝返還金

長生きリスクを軽減する互助金＝非返還金

前払金としていただく非返還金は、初期償却《しょうきゃく》することができる。施設側にとっては、いくらか経営が助かりそうな変更が盛り込まれたといえよう。しかし問題は、生命保険会社（生保）、日本年金機構（年金）、全国有料老人ホーム協会（協会）などが行なった試算が提示され、そのモデルに沿って試算したうえで、その提示された試算の範囲内での金額変更を認めるとされたことだった。おのずと想定居住期間、想定居住期間を超えての〝長生きリスク〟を軽減する互助金の額にも基準が示された。

※入居15年以上の死亡退去者が40％を占める

想定居住期間は、確率的に入居者の概ね50％が入居を続けることが予測される期間とされた。設定にあたっては、「根拠となる客観的なデータを示すこと」とされたが、その客観的なデータというのは、先の生保、年金、協会などが行なった試算に用いたデータのことだ。つまり、厚労省による統計がもととなっている。

そのデータは、あくまでも日本国民全体について調べた結果であるから、有料老人ホームの実態には、必ずしも即《そく》したものだとはいえない。例えば先に紹介した平均寿命がそうだ。厚労省が２０１７年７月に発表した数字は、男性80・98歳、女性87・14歳で、平均およそ84歳、光が丘パークヴィラは86歳である。

想定居住期間の設定根拠の一つとなる、日本人の平均余命を見てみよう。62ページの図

４は、厚労省が発表した「平成28年簡易生命表」をもとに作成した、主な年齢の平均余命を示したグラフである。併せて63ページの図５に、光が丘パークヴィラの２０１６年５月現在での死亡退去者の居住年数を示したグラフを掲載したので見比べてほしい。

まずは当施設のデータ（図５）から見てみよう。それまでに亡くなった１６５人のうち、入居してから10年以上の方は１０９人で66・06％、13年以上の方は81人で49・09％。そして15年を超えた方は66人と減るが、それでも40・00％を占めている。全体平均は13・31年である。

ちなみに、２０１６年現在のデータだから、15年を超えて亡くなったのは、31年目の方も

図4　主な年齢の平均余命（2016年）

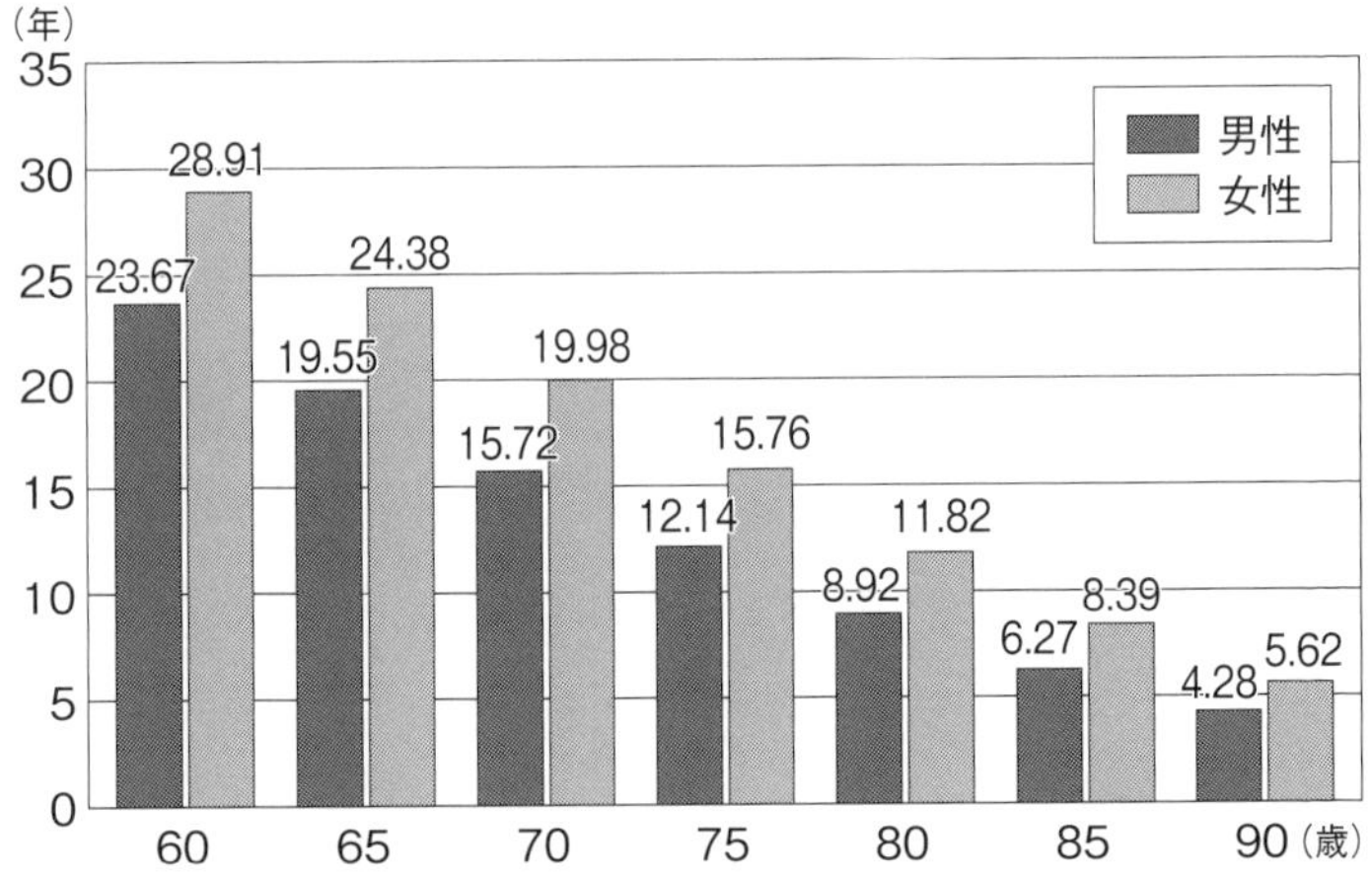

出所：厚生労働省「平成28年簡易生命表の概況」

いらっしゃるので開設した1985年から2001年までに入居された方々ということになる。この間の入居時の平均年齢（↓56ページ参照）は、最初の5年（1985〜1990年）が72・3歳と72歳を超えているので73歳。1991〜2001年について正確なデータはとっていないが、その後の2005〜2010年が78・5歳で、78歳を超えているから79歳。73歳と79歳の間をとって、76歳と仮にしてみよう。

　そのうえで、次に厚労省の平均余命（図4）を見ると、73歳と76歳に一番近い75歳は男性12・14年、女性15・76年で平均すると13・95年。ちなみに、このグラフには載せていないが、73歳では男性13・54年、女性17・42年で

図5　死亡退去者の居住年数（2016年5月現在）

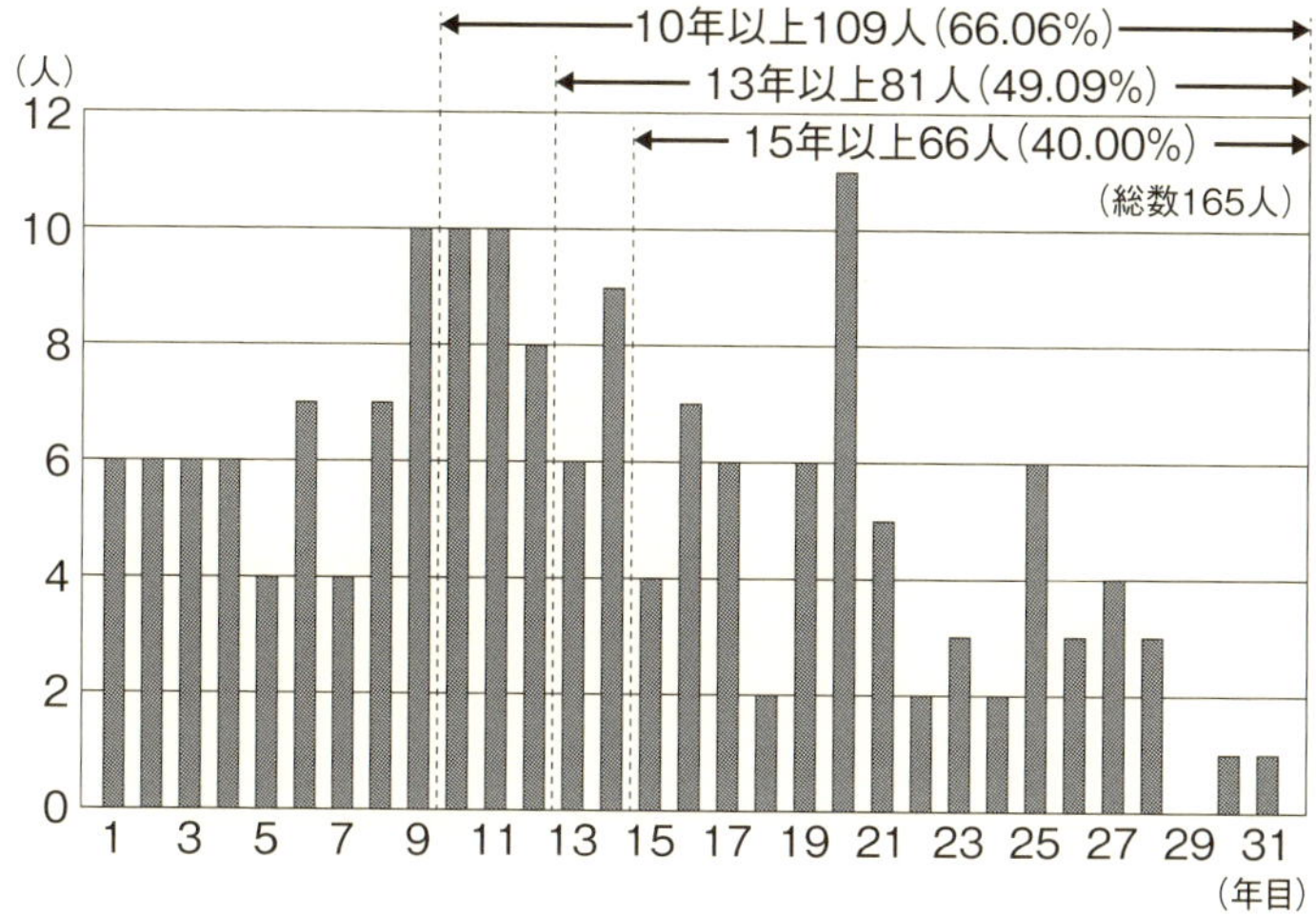

平均15・48年、76歳では男性11・46年、女性14・94年で、平均13・20年となっている。両者をさらに平均すると14・34年となり、15年には及ばないことがわかる。しかも、先の15年を超えた方が40・00％というのは、光が丘パークヴィラですでに亡くなられた方についてのデータである。15年を超えて今もご健在の方がたくさんいらっしゃるので、余命ということではさらに長いものと考えられる。平均寿命と同様に平均余命についても、厚労省の数字とは開きがあるということだ。これは光が丘パークヴィラに限らず、他の有料老人ホームについてもいえることではないかと思う。

✻終の棲家は30年を過ぎても終わらない

有料老人ホーム入居者の居住期間は、実際長期化している。このことは、光が丘パークヴィラ30年間の統計を見ても明らかだ。65ページの上のグラフ（図6）は、２０１６年6月現在の入居者の居住期間を示したものだ。

見ると、入居11年超のところでガクンと下がり、18～20年超でゼロになってから再び盛り返すという傾向が見られる。この傾向がより顕著《けんちょ》に表れているのが、その3年半ほど前のデータを示した２０１２年のグラフ（図7）である。15～17年目あたりを底に2つの山

図6　2016年入居者の居住期間 (2016年6月現在)

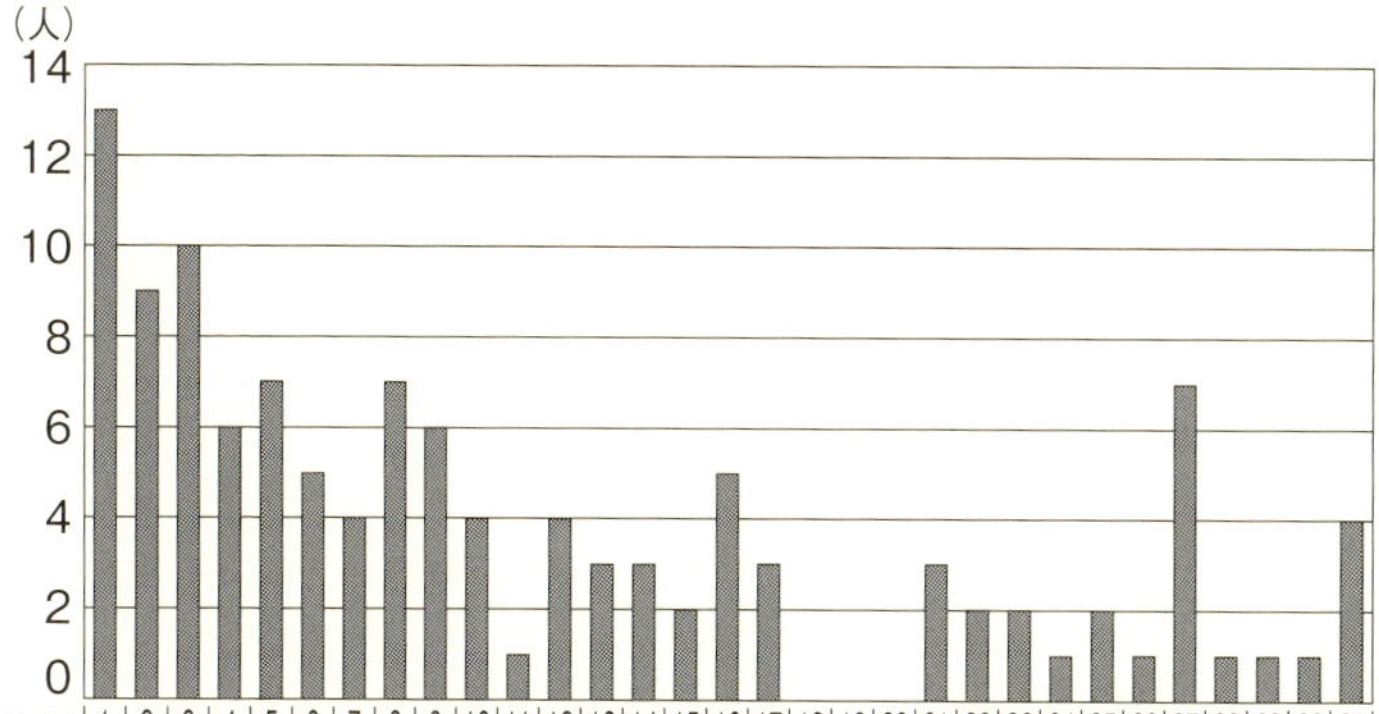

(年超)	1	2	3	4	5	6	7	8	9	10	11	12	13	14	15	16	17	18	19	20	21	22	23	24	25	26	27	28	29	30	31
入居年(年)	2015	2014	2013	2012	2011	2010	2009	2008	2007	2006	2005	2004	2003	2002	2001	2000	1999	1998	1997	1996	1995	1994	1993	1992	1991	1990	1989	1988	1987	1986	1985
平均入居年齢(歳)	80.2=81					78.5=79						79と73の中間年齢=76														72.3=73					
入居年別平均年齢(歳)	81	82	83	84	85	84	85	86	87	88	89	88	89	90	91	92	93	94	95	96	97	98	99	100	101	99	100	101	102	103	104

図7　2012年入居者の居住期間 (2012年12月現在)

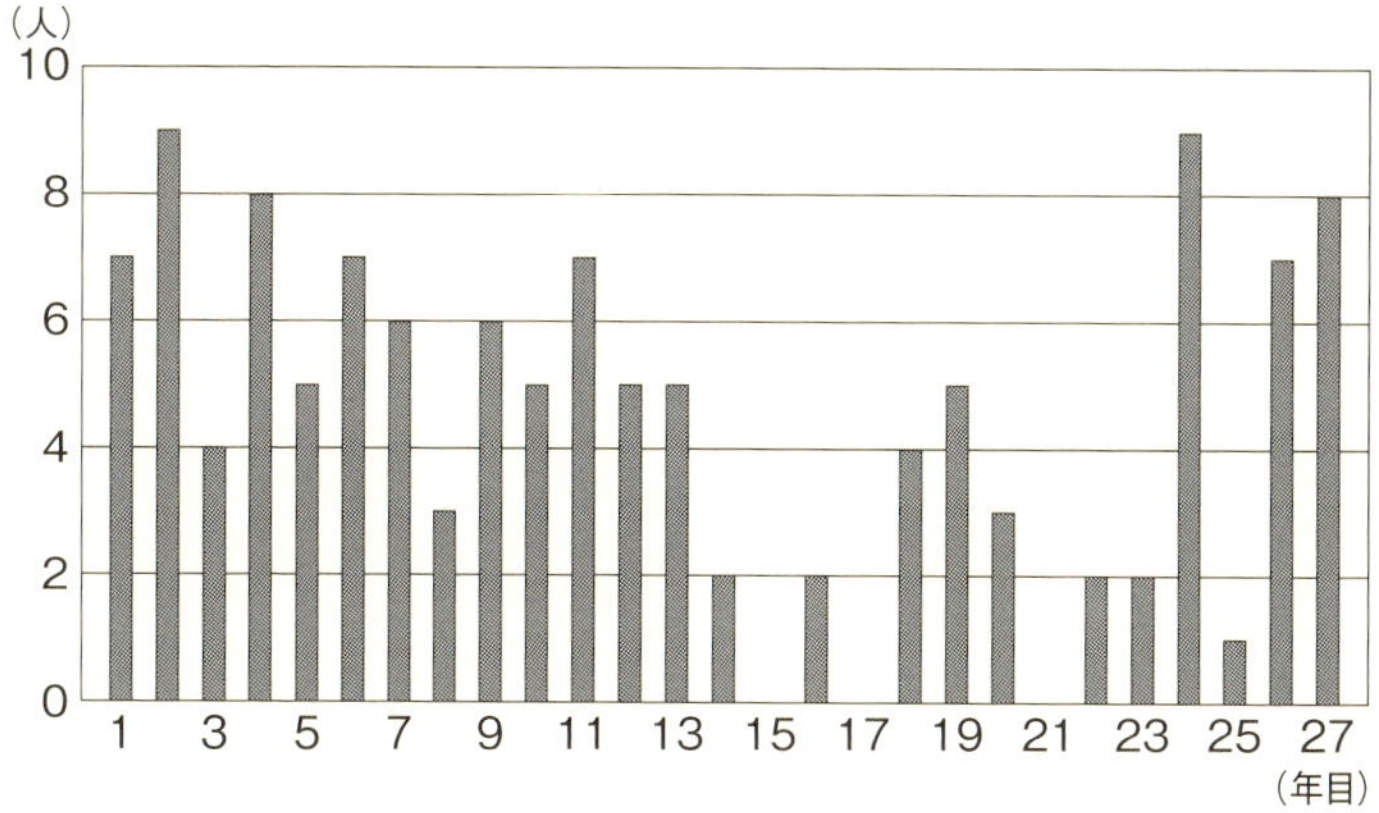

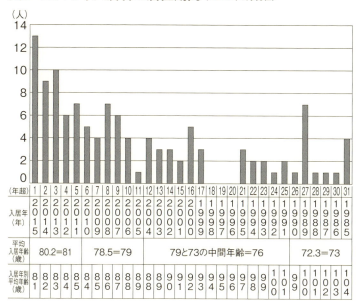

ができている。当初は、居住年数が長くなるにつれて入居者の数が減少する右肩下がりのグラフになるだろうと予測していたのだが、この二つの山は何を意味するのだろう。２０１６年のグラフ（図６）には、入居時の平均年齢と現在の平均年齢を併記してみた。あくまでも平均でしかないが、90歳前後から半ばにかけて減少しているのがわかる。そして２０１６年のグラフで、もう一点ご注目いただきたいのは、後の山は人数的には少なくなっているものの、その減り方がほぼ横ばいといえるほど、なだらかだということだ。

思うにこれは、死に至るような病気をせず、または病気をしても乗り越えて一定の年齢を超えた方は、長生きするということではないか。実際、ご長寿の方には脳梗塞《こうそく》や心筋梗塞などの病気を克服された方が多い。その意味でこの長寿化は、医療の進歩がもたらしたといってよい。しかし一方で、精神活動が低下した長寿者が増えたことは考えさせられる。ひと括《くく》りに長寿は幸せだと言ってよいものかどうか。

２０１６年現在、入居21年超の方々はアラハン世代である。開設時から入居されている31年超の方も４人おられる。終の棲家は30年を過ぎても終わらないのである。このなだらかな横ばいがどこまで続くのか、こればかりは予想できない。予想できない長寿化が進んだことが、想定居住期間の設定を難しくしている。

＊光が丘パークヴィラの想定居住期間

想定を超えて居住期間が長期化するということは、家賃の未収分が増えるということだ。その補正のために設けられた非返還金である〝長生きリスク〟の互助金は一時金償却であり、償却には限度がある。しかし、そうかといって想定居住年数を長く設定すれば、入居金が上がってくる。これに入居者が耐《た》えられるかという問題もある。

当施設において、一番入居者が多いのは75〜85歳である。若年者ほど想定居住期間が長くなるから当然高額になるが、採算性《さいさん》ばかりを優先させたのでは入居者は集まらない。それに、そもそも国が提示した試算額の範囲内での金額変更でなければ認められないのである。

結果、すでに見ていただいた通り、光が丘パークヴィラ30年の統計では、国の統計よりも平均余命、想定居住期間が長くなるが、そのまま導入できず、従来の金額と大きな差が出ないよう、提示された国の試算モデルに沿って、できるだけ想定居住期間と非返還金の割合を抑《おさ》える方向で努力することになった。

年齢区分は4段階、想定居住期間と非返還金割合は68ページの表1の通りである。男女平均余命と入居一時金の年齢階層別償却年数を比べると一応妥当《だとう》のように見られたが、どうだろうか。ただし、言うまでもなく、これで将来にわたり十分かというと、とても十分とはいえない。

30年近く居住して100歳を過ぎた老人が死亡した。開設当初の想定居住期間は15年。〝長生きリスク〟の互助金はもちろんなかった。その期間が過ぎてからおよそ15年間、家賃相当額はゼロだから大変な負担になった。ただ、ありがたかったのは、そうした施設側の状況を入居者側が察してくれていたことだった。ご家族は部屋を引き払う際、お世話になったからと、返還した返還金を全額寄付してくださった。当時、返還金は入居金の4分の1ほどだった。

入居金の算定は、各施設まちまちだが、施設の特性、介護型か、健常者型か、看取り対応か、病院送りかで異なり、特に病気のない健常者を入れていれば居住期間は長くなり、一

表1　光が丘パークヴィラの想定居住期間と非返還金割合

入居年齢	想定居住期間	非返還金割合
65～69歳	17年（82～86歳）	10%
70～74歳	15年（85～89歳）	10%
75～79歳	13年（88～92歳）	10%
80歳以上	11年（91～？歳）	15%

律には決められない。しかし、入居者によりよいサービスを追求した結果、負担を強《し》いられることになっても、やはり、入居者が長くお元気でいてくださるのは嬉しいことだ。入居する側とすれば、決して安いとは言えない有料老人ホームの入居金であるが、こんな問題点もあることを知ってほしい。

認知症について

※アルツハイマー型認知症とレビー小体型認知症

ひと口に認知症といっても、その原因によりいろいろあり、アルツハイマー型認知症、脳血管障害による血管型認知症、レビー小体型認知症のほか、前頭葉《ぜんとうよう》、側《そく》頭葉が委縮《いしゅく》して起こる前頭側頭型認知症や、脳腫瘍《しゅよう》、正常圧水頭症《すいとうしょう》、慢性硬膜下血腫《こうまくかけっしゅ》など脳の病気で起こるものもある。

この中で半分以上を占めるのがアルツハイマー型認知症で、次いで多く見られるのがレビー小体型認知症だ。

アルツハイマー認知症は物忘れから始まり、徐々に進行する。単なる物忘れとの違いは、体験が保存されず、すっぽり抜け落ちてしまうことだ。脳の中には新たな体験を記憶して保管する海馬《かいば》（図8）があるが、その萎縮が特徴的で、記憶として保存できなくなる。朝ごはんに何を食べたか思い出せないが、ヒントを与えると思い出せる――これは単なる物忘れだが、認知症では食事をしたことも忘れてしまうから、「食べていない」と言う。食べたでしょうと話しても受け付けない。このように記憶が保持されず、すっぽり抜け落ちてしまうのだ。この点は注目すべき特徴で、いつも介護者とのトラブルになる。「財布《さいふ》がない」と言い出すことも多く、しまった記憶が抜け落ちているから、会話がかみ合わない。「盗《ぬす》まれた」と言う。こんなことがしばしばある。

理屈で攻めてもだめなのだ。むしろ一緒になって同意してあげたほうが安心する。これも認知症への対応のコツだ。しかし探すのは大変だ。探して発見できないと盗まれたとなるから、見つからない時は、同意しながらほかのことに関心を向けて、そのことを忘れさ

図8　海馬と脳幹

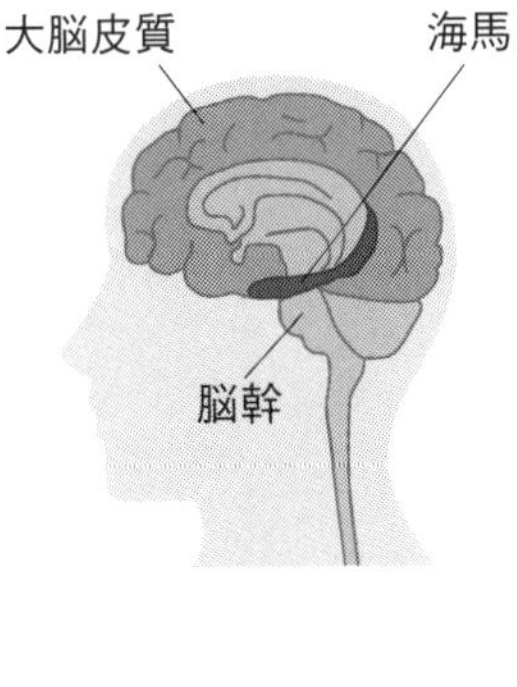

せるしかない。

一方、レビー小体型認知症は、レビー小体という、神経細胞にできる特殊な蛋白《たんぱく》が脳の大脳皮質《ひしつ》や脳幹《のうかん》（図8）にたくさん集まり、神経細胞が死滅《しめつ》してゆくために起こる。神経伝達がうまくいかなくなるのである。

初期症状としては、物忘れよりも、本格的な幻視《げんし》が見られることが多い。幻視は例えば、「虫や蛇《へび》が部屋にいる」、「子供がいる」、「知らない人がテラスに上がってきた」などと訴え、その虫や蛇、子供、知らない人に向かって話しかけたりしている。「どこにもいませんよ」と否定しても、「見えたのだから」と真剣に言う。

また、パーキンソン病に似た症状（筋肉のこわばり、手足の震《ふる》え、前傾姿勢の小刻《こきざ》み歩行など）が出るのも特徴だ。レム（ＲＥＭ）睡眠行動障害（睡眠中に大声を出したり、暴《あば》れて壁をけったりするような睡眠時の異常行動）が見られることもあり、頭がはっきりしている時と、そうでない時を繰り返す。

※中核症状と行動・心理症状

認知症の症状には、中核症状と行動・心理症状がある。

中核症状

記憶障害、見当識障害（季節、日付、場所、人間関係などがわからなくなる）、理解・判断力の低下、実行機能障害（物事を計画的に効率よく成し遂げる能力が低下し、家事や仕事がうまくいかない）など。

行動・心理症状

本人の性格、生活環境、身体疾患、人間関係などが複雑に絡《から》み合い、行動や精神に関する症状が現れる。不安、意欲減退といった軽い症状から、うつ、妄想《もうそう》（ものとられ妄想）、幻視、混乱、攻撃的な言動、徘徊《はいかい》など、周囲を困らせる激しい症状まで起こることがある。現れる症状とその程度は患者さんにより異なる。

認知症は当然ながら、光が丘パークヴィラの入居者にも見られる。しかし、その症状が、この30年で変わってきたことに気付く。

特に、徘徊、暴力、せん妄（妄想・幻視）といった行動・心理症状について、当初は、その程度が強く対応に難渋《なんじゅう》したが、最近では症状が軽減し、何とか施設内で対応できる例がほとんどだ。程度が軽くなっているのはなぜだろうか。30年前とは違い、認知症が早期に発見され、早期に治療ができるようになったからだろうか。あるいは、強い興奮や妄想に対して、新しい薬がうまく使えるようになったからではないかとも思う。

※認知症への対応

昔はコントロールが不能になり、精神病院や閉鎖環境の施設に対応をお願いすることが時々あった。施設内で対応した際には、興奮が強く、それも夜間に騒ぐため、男性職員が泊まらなければ対応できない例があった。私も夜遅くまで対応して、指示を出した。

職員と一緒に交番に迎えに行ったこともしばしばあった。しかし、交番から連絡があれば幸運なほうで、連絡のない徘徊は、ただひたすら待つしかなかった。というのも、東京都内では無人交番が増加したからだ。探そうにも、どこをどう探したらよいのかわからない。隣には広大な光が丘公園があり、そこにいるとも考えられるが、1周するだけで1時間かかるのでとても探せない。特に暗くなった夜では大変だ。ほかに目ぼしいところも探してみるが、行方《ゆくえ》がわからないことがしばしばあった。

それでも幸いにして、この30年間で行方不明者は1人も出なかった。交番から連絡が入る、通行人が連れてくる、夜ひょっこり帰ってくるなどさまざまだったが、なんとか解決することができた。しかし、連絡や帰りを待つ間の職員の気持ちは大変なものだった。

その点、近年ではGPSが進歩したので、位置を確定するのは容易になった。携帯電話の所持も有効だ。しかし、なにしろ相手は動くから、これも追跡するのが大変なのだ。

だが、近頃はそのような例も少なくなった。

光が丘パークヴィラでは以前にも増して、認知症の早期発見に努めるようにしている。ヘルパーさん、看護師、職員が毎日、声がけや挨拶もしながら観察するのと併せ、2週間に1回、全居室の清掃に入ることにもなっている。この清掃訪問の前に、自分ですっかり掃除をして迎える方も中にはいるが、概ね部屋を見れば、その生活程度や異常を発見できる。だから、抵抗なく居室に入れるこの機会に、整理具合（洗濯物の片づけ、衣類の整理状況など）、冷蔵庫の管理具合（消費期限切れの古い食べ物が貯《た》まっていないか）などをチェックする。そして、何となく変だという報告があると、それとなく観察したうえで簡易知能検査を行なうのである。

ただ、そうして早期に発見して簡易知能検査をすると、バカにされたと怒《おこ》る患者さんがいる。「年齢は?」、「生年月日は?」、「100から7を引くと? それからさらに7を引くと?」、「これは何ですか?」と5個の品物を見せ、その後隠して、それを答えさせる。あとは「野菜の名前を言ってください」とか。

自分では正常だと思っているから、そんな質問で馬鹿《ばか》にされたと、プライドを傷つけられたと怒る。「私は有名大学を出た」と、「エリートだから」と、「今までこんなに馬鹿にされたことはない」と、簡易知能検査に文句を言う。そして、たまたま答えられなかっただけだと理屈を言う。学者だった方もいるから、認知症を認識させることは非常に難しい。

ある学者は、知能指数が非常に高いから、こんなテストはできる方もいた。しかし、試験は好成績でも変なのだ。知能指数がもともと高かったから、回答結果は正常でも、おかしいと思われる人もいるのである。一方で、素直に受け入れてくれる方は助かる。その進行を抑える薬も早期から使える。だが、何の薬かと疑問を持つ方もいる。

このように、早期発見をしたらしたで、克服すべき問題も出てくる。しかし、それでもやはり、この2週間に1回のお掃除は、我ながらよい制度だと思う。このような規則がない施設では、入居者は入室を拒否し、居室の清掃を拒否し、部屋に入れてもらえないという話をよく聞く。実際、当施設でも、清掃時以外に訪問すると鍵《かぎ》がかけられていて、戸を少し開くだけで会話をする方もいる。訪問しても部屋に入れないのだ。部屋に入ることができなければ、観察もできない。

居室の状況を見ることは、認知症の早期発見につながるだけでなく、おのずと認知症の程度もわかる。だから認知症の方の場合、入浴は大浴場で介助サービスを受けながらになるので、その間に観察することもある。そして程度が進んで、どうしても自分で整理ができない人は、入浴中に整理する。それでも本人は気づかない場合がよく見られる。

※過去の症例から

この30年間、いろいろな認知症の方を見てきた。その中でも特に困難だった症例を、ここに2つほど紹介しようと思う。

症例①　警察に拘束され、精神病院では閉鎖病棟と保護室を行ったり来たり……

Aさんはかつて、某《ぼう》病院の副院長だった方で、定年退職後は、自宅で循環器《じゅんかんき》のクリニックを開業していた。電子機械に強く、いろいろな電子機械を改良製作し、補聴器まで自分でつくられるほどであった。

光が丘パークヴィラには、奥様がパーキンソン病に罹患《りかん》しており、それを心配して早くからご契約をいただいていた。そして、契約から5年後、いよいよ奥様が不自由になられて入居されることになった。Aさんは90歳を過ぎていたが、大変お元気であった。

入居してから奥様は、硬縮発作《こうしゅくほっさ》がしばしば起こり、強い時は体も動かせなくなり、ベッドから起き上がれない。振顫《しんせん》（安静時のふるえ）も強かった。硬縮発作を抑えようと、Aさんは抗パーキンソン薬を自分で工夫し、短時間に分けて服用させる方法をとっていた。短時間ごとの服用だから、その時間管理が大変だった。それでAさんはさらに、服薬時間を忘れないようにしようと、いろいろな装置を改良し始めた。

電話を改良したり、有線だったナースコールを無線化したり、電動車椅子を改良したりと、大変なアイデアマンだった。改良が過ぎたのか、館内のナースコールが不具合になることも起こった。さらに館内のドアの自動化、電話の改良など、共有部分にまで口を出すようになった。理屈が先に出るから職員の対応も大変だ。だんだんエスカレートするから、変だと気づく。言動から変だとわかっていたが、自分が変だということをなかなか受け付けない。薬を出そうにも、すべて拒否するから手に負えなかった。

奥様の服薬管理については、いろいろと装置を改良してみたが、やはり大変で、ヘルパーさんに頼むがこれも大変だった。ついに世話を焼き切れなくなり、自分でもダメだと思ったのだろう、奥様の服薬を施設に任せるようになる。しかし、この間にも奥様の症状は進み、居室での管理が不能になったことから、奥様をケアセンターに移すようお勧めしたところ、やっと承諾《しょうだく》した。薬の管理もお任せいただいたということで、その後は頻回《ひんかい》の投薬はやめ、普通の管理方法で対応したら、だいぶ元気になった。発作の回数も減り、部屋の中なら歩けるようにもなった。しかしよく転倒した。

一方、Aさんは、奥様の手が離れたので、よく外出できるようになった。ただ性格異常があったので、買い物でトラブルを起こすこともしばしばだった。自分は間違いないとの自信が強いから、相手とトラブルになる。施設の職員にも、いろいろな難癖《なんくせ》をつける。カメラを運ばせて壊されたと言う。

スーパーでは、クレジットカードを通したので支払いが済んだと理解し、出ようとしたら止められた。サインをしていないと咎《とが》められた。いつも行くほかのスーパーではカードをかざせば出られたので、その意味を理解しなかった。店員に暴力をふるい、さらには店長にも暴力をふるい、怪我《けが》をさせた。すぐに警察官が呼ばれ、今度はその警察官にも手を出したので拘束《こうそく》された。本来なら警察署に連れて行かれるところだが、高齢なので引き取るようにと連絡がきた。

施設長と担当職員が迎えに行くと、警察官らに押さえられていた。何とかなだめて帰宅した。自分は間違っていないと興奮している。精神科の医師とご親戚の医師も見えてなだめ、服薬を勧めたが、断固服薬は拒否する。いろいろ工夫してお茶に混ぜたり、ジュースや食べものに混ぜたりするが、味ですぐにわかってしまう。認知行動、心理状態がだんだん悪化し、夜半《よなか》にパンツ1枚で妻がいるケアセンターの部屋を訪ねたりして、看護師を困らせた。

加えてその頃、自分の業績集をまとめだした。大変な量の業績集をつくり満足していたが、その過程で戦時中のことを思い出したのだろう。気持ちがすさんだ。Aさんは、38人の部隊で自分1人だけが生き残った激戦を南方《なんぽう》で経験していたのだった。そして、ちょうどレントゲン検査をしたら、胸部に小さな弾丸《だんがん》の破片《はへん》が残っていた。それを見て、その体験がさらによみがえったのだろう。精神的に荒《あ》れるようになる。診療所で医師を蹴《け》ったり、ロビーで暴れ出したり、90代でも力があるから、押さえることが大変だった。そんなことが頻回になり、ケアセンターで時々保護したりしていた。

ある朝、食事に出て来ないので訪問する。戸を開いてくれないので仕方がなく合鍵《あいかぎ》で開けて入ると、ガラスが割られ、什器《じゅうき》備品が散乱している。興奮して「警察を呼べ」とわめいている。いつも手伝いに来る姪《めい》が説得したが聞かない。警察官が4人ほど来て話をするがおさまらない。そこで警察署に連行《れんこう》することになったのだが、それにも抵抗して道に寝そべった。

その後、警察署でも暴れ、女性警官が優《やさ》しく説得したがダメだった。仕方がなく、精神病院への措置入院を東京都にお願いしてもらったところ、警察からの連絡に都は許可しない。人権問題があるから慎重だ。電話を替わり、医師の立場で交渉したら、やっと病院と連絡を取ってくれた。

措置入院は、2人以上の精神保健指定医の診断結果に基づき、都道府県知事の命令により強制的に入院させることができるとあり、警察官等は通報義務があるとされている。ちなみに、緊急措置入院というのもあり、こちらは精神保健指定医1人の診断で、72時間まで、本人の意思にかかわらず都道府県知事の命令で入院させることができるとある。姪に保護室を見学させ、納得了解すれば入院させることになり、朝10時から午後5時までかかり、やっと許可が下りた。

施設の車で、4人がかりで病院に搬送《はんそう》するが、着いても車から降りない。病院の看護師長が優しく対応したが、それでも車から降りない。仕方がなく、屈強《くっきょう》な病院職員に担《かつ》がれて入院した。その間、大声で暴れた。保護室に入っても、しばらく叫び声が聞かれた。親戚（姪のご主人）と相続のことで関係していた弁護士が、その日は1日同道してくれた。弁護士が一部始終を観察してくれたのは良かった。

その後の病院での生活は、閉鎖病棟の病室と保護室を行き来していたから、多分同様の繰り返しがあったのだろう。そして、そうこうするうち、その病院での入院も長期になり、転院を勧められた。家族は遠方まで病院探しをするが見つからない。こんな状態では、どこの病院でも敬遠される。病院が見つからないために長期入院となっていたが、ある日突然、心停止を起こした。すぐ良くなったが、その後、大腿骨頸部骨折《だいたいこつけいぶ》を起こし、救急病院に搬送された。

お見舞いに行くと、その病院でも個室で体を拘束され、大声でわめいていた。年末のことだったので、正月明けに手術をするというが、この状態では手術ができるかと危惧《きぐ》された。そして、いよいよ年末も押し詰《つ》まった30日に、再度心停止を起こして死亡したのである。申し訳ないが、やれやれと周囲はホッとしていた。

こんな状態で最期が来た。奥様は、ご主人の性格を知っており、いつも心配されていたが、あまり詳しい事情は知らせなかった。奥様も認知症が進んでいたが、しばらくして次第に誤嚥《ごえん》、肺炎を繰り返し死亡した。このお2人を観察しながら、これも人生を全うした死ではないかと考えた。こんな激しい例は、ほかに経験がなかった。光が丘パークヴィラでの一番印象に残った症例である。

症例② 居室が乱雑になり、本も読まなくなり、学者の面影もなくなって……

Bさんは、女性の原子物理学者でレビー小体型認知症だった。お姉さんもレビー小体型認知症で、幻覚に悩まされていた。

Bさんはもともと、某大学の原子炉研究施設に勤め助教授をしていた。大学では理科を専攻しており、理科を卒業してこの方面に進んだ人は今までほかにいないという、希有《けう》な存在だった。まれにみる才能で、しかも女性だということで注目されていた。定年退職後は、某市立大学の専任講師となり、教鞭を執っていた。

その頃より光が丘パークヴィラと入居契約し、関西と東京を行き来していた。そして、いよいよ大阪の家を売却し、東京に移ることになったが、蔵書《ぞうしょ》もあり、なかなか決断ができない。家の処分については銀行関連の不動産会社を紹介され、いよいよ売買契約となったが、また迷い、そうこうするうちに認知症を発症。1人では取引できないと言われる。

認知症のため取引を拒否されたのだ。そのため後見人を立てる必要が生じた。

Bさんには健常な血縁者としてお兄さんがいた。だから私としては、そのお兄さんでよいのではないかと思うのだが、Bさんはすでに認知症で意思能力がないと診断されていた。後見制度には任意後見制度と法定後見制度があり、後見人を立てる時点で意思能力がない場合は法定後見制度を利用することになる。誰を後見人にするかは、家庭裁判所が決定する。家庭裁判所は2人立てる必要があると言う。それで財産管理には弁護士、身上管理にはお兄さんが指定された。

指定された弁護士は耳が聞こえない。そのため事務員が手話で対応する。すべてでき上がっていた売買契約書に後見人が署名して、売買が成立した。Bさんは自動車も運転していたが、この免許証の返納もお兄さんの努力で何とかできた。財産整理も銀行、証券会社と大変だった。その手続きもお兄さんが手伝った。

弁護士は家屋の売買にだけ関わったが、実質的に行なった作業は署名・捺印だけ。にもかかわらず高額の請求書が届いた。それを見て私はますます疑問に思った。〝財産管理をするのが、なぜお兄さんではいけないのか、不動産売買がなければ後見人も必要なかったのに、なぜ2人も立てて余分な経費を使わせるのだろう〟と。だが家庭裁判所は、これが決まりだと言う。それで、せめてものお願いとして、指定された弁護士は耳が聞こえないため、意思疎通が困難だからと事情を説明して、ほかの弁護士に交代していただいた。

Ｂさんはその当時、大阪と東京を往復していたが、大阪にいるのを忘れ、まだ夕食が届かないと電話が来た。また、東京に来て駅に降りたら、大阪の自宅近くの駅と勘《かん》違いをしていて、警察のお世話になっていた。自宅の近くのビジネスホテルを使っていたから、東京でもそのビジネスホテルを探したらしい。交番でもしっかり話すから、警官も一緒にビジネスホテルを探してくれていたそうだが、そのうち変だと気づいて電話があった。それで迎えに行くと、かなりわからなくなっていた。

以後、光が丘パークヴィラで生活したが、ドイツ留学時代に覚えたワインがエスカレートし、ウイスキーに代わった。隠れてアルコールを買い出しに行き、帰れなくなったり、徘徊を繰り返したりするようになる。居室は乱雑となり、下着が散乱している。汚れ物と洗濯を終わったものとが混在している。箪笥《たんす》から出して、放置されている。女性でこのような状態になると認知症とわかる。

症状はさらに進み、失禁《しっきん》が始まり、エレベーターの前で寝込んだりすることも。時々行方不明になり、携帯電話を持っていれば位置確認ができたが、持つのを忘れると大変だ。

しかし、持っていて居場所を確認できたとしても、また動くから、いずれにしても見つけるのは大変だった。このような状態になると、光が丘パークヴィラではケアセンターの介護室に移し観察することにしている。そうなると目が届くから安心だ。

やがてパソコンもできなくなり、本も読まなくなる。原子物理学者の面影はなくなった。しかし、まだ誇りがあり理屈を言う。なかなか素直に従わないのが学者さんだ。最後まで抵抗した。過去と現実が混乱している。素直なおばあちゃんにはならないから大変なのだ。

法定後見制度にも問題が多い。銀行の通帳は後見人の名前に変えられ、そこから費用を引き落とす。費用については家庭裁判所が決めるからと教えられない。またお墓の移転も、手続きは身上管理を担《にな》うお兄さんがすべて処理したが、最後は弁護士の後見人が関与し、多額の手数料が発生したようだ。実の兄が身元引受人の1人になっているのに、任せないのはおかしな制度だ。弁護士も、若い人が教えられながら行なっていた。なんでも自分たちの許可がなければ支払いはできないというので、印をいただくと手数料が発生する。これでは何もしないでお金を取られるだけではないか。

不動産の売却が済んだから、後は用がないから、兄が引き受けるからと家庭裁判所に話したら、「病気が治らなければやめられない。治ったのですか」と言う。認知症が治るはずがないから、このようなことが一生続き、多額の手数料を請求されることになる。実務はお兄さんがやりながら、金銭の出入りは管理され、多額の費用が発生する。これが正しい制度なのだろうかと疑問が尽《つ》きなかった。

いつもそうなのだが、管理費用は家庭裁判所が決めるからと、知らされたことがない。財産があるから後見人は2人でなければいけないと、金銭管理は弁護士、身上管理は身内と決められていると言うが、手間と費用で矛盾《むじゅん》を感じる。実際の管理は施設でしているから報告だけになる。施設管理は、一般の在宅管理と手間と金銭管理面が違うのに、どうしてなのだろう。現金は扱わず、すべて念書《ねんしょ》による銀行引き落としで管理されているから、後見人の仕事は施設請求書のチェックだけなのだが。

他の法定後見制度を利用した場合もそうだった。司法書士が法廷後見人になったが、最後まで料金は教えられなかった。家庭裁判所が決めるからと。ちなみにこの例では後見人が、被後見人が持っていたマンションを売ってあげると言い出したことがあった。そのマンションは、すでに遺言信託《ゆいごんしんたく》により相続することが決まっていた。にもかかわらずである。私は、その後見人に、「信託銀行に遺言信託ですべて依頼しているから手を出さないほうが良い」と忠告した。

さて、当のBさんであるが、その後は誤嚥を繰り返し、肺炎を繰り返した。食事の時ではなく、夜間に唾《つば》を誤嚥することで肺炎を起こした。そうして次第に衰弱《すいじゃく》して亡くなった。同じレビー小体型認知症だったお姉さんも、Bさんより一足早くご逝去《せいきょ》された。

※高齢者の遺言書

今の症例に「遺言信託」という言葉が出てきたが、30年の有料老人ホーム経営で、遺言書については幾多《いくた》の問題例を見てきた。そこで遺言書についても少々触れておきたい。

遺言書は、民法の定めに沿って相続するのなら、どうしても書かなければならないというものではないかもしれない。しかし、例えば夫婦2人きりで子供がいないような場合は特に、互いに不利にならないよう、夫が先に死んだら妻に、妻が先に死んだら夫に、夫婦

図9　民法で定められた法定相続割合

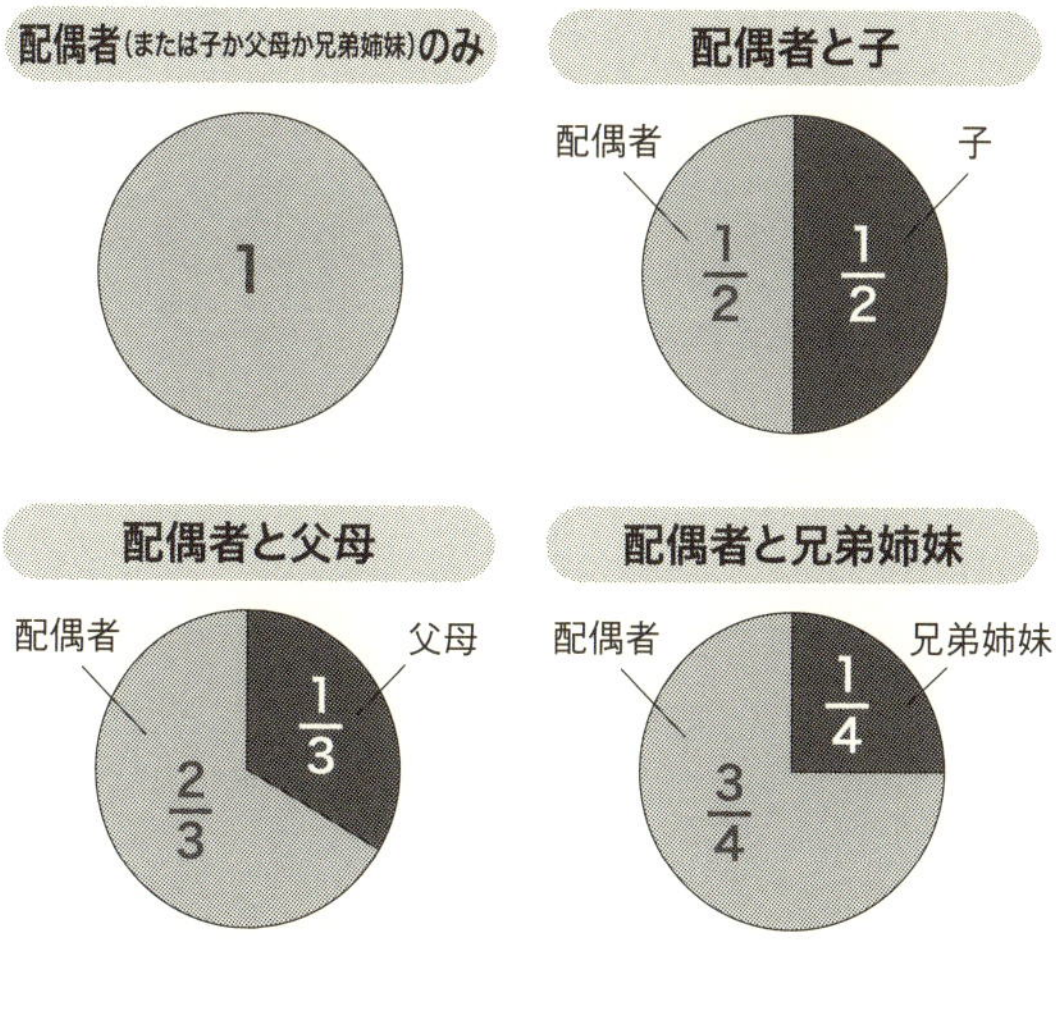

のいずれかが亡くなっても、お互いに財産は残る1人に相続させると決めておくことが大切である。というのは、よくあるケースとして、いずれかが亡くなれば、その財産は残ったほうが当然すべて相続できるものだと思い込んで遺言書を書かずにいて、問題が生じることがあるからだ。87ページの図9に示したように、子供がいなくても、亡くなった方に父母または兄弟姉妹がいれば、その方々にも一定割合相続する権利があるのである。

有料老人ホームに入居されているのだから、ご父母がいまだ健在というケースは希少《きしょう》だろうと考えれば、兄弟姉妹である。日頃から世話になっていたというのならまだしも、面会に来たことはないし、見舞いにも来なかった、葬儀にも来なかった、もう30年近くも音《おと》沙汰《さた》なしだったのに、訃報《ふほう》を聞いて突然、遺産を分けてほしいと言ってくる。遺言書があればきっぱりお断りできるのだが、遺言書がなければ法定相続割合である4分の1を渡すことになる。財産を減らすことになるばかりでなく、心情的にもわだかまりが残る。

また遺言書は、夫婦の残る1人も書いておく必要がある。つまり、夫婦のどちらが先に逝《い》ってもいいように、お互いにつくっておくことが必要だということだ。そして、どちらが残るかもわからないのだから、残されて死んだ後にはどうしたいかということも互いに書いておく必要がある。遺言書は、法定通りに相続しない場合に必要なのである。子供がいても、夫婦の残る1人に全財産を相続させる時は必要だし、残った1人が死亡した場合、法定通りではなく、例えば内縁のパートナーやよく世話をしてくれた方など、特定の人に相続させる際にも必要だ。

ただし、遺言書があっても、それを無視されるというケースも見られたので、この点は注意が必要だ。私が見た中では、特にご主人側のご親戚（甥《おい》・姪など）が施設に入居する際に身元引受人となっている場合に、ご主人が先に亡くなり、残った奥様も亡くなり、双方のご親戚が遺言書でもめるというケースがいくつかあった。場合によっては、遺言書が隠される。遺言書を無視した話し合いになり、関係者で分割協議書が作成されればそれで終わる。このようなことにならないようにするためには、どうしたらよいか。

遺言書のつくり方には次の方法がある。

・自筆遺言書（家庭裁判所の検認が必要）
・公正証書（公正人の作成）
・遺言信託（信託銀行・一般銀行取り扱い）

これら3つのどれでも認められるが、それぞれ以下のような特徴がある。

・自筆遺言書（家庭裁判所の検認《けんにん》が必要で手続きが面倒）
・公正証書（身元引受人が公表しないことがある）
・遺言信託（すべて銀行が処理してくれるので簡単）

先の話は、公正証書であったがために揉めたケースであるが、自筆遺言書でも実行されなかったケースを多々見てきている。どうしても遺言した通りに相続を実行してもらいたい時は、遺言信託がベストだろう。遺言信託は執行人が銀行だから、隠されたり無視されたりということは、まずないと考えてよいのではないか。

それからもう一点、これが最も重要なのだが、遺言書は、遺言能力があるうちにつくらなければならない。認知症になってから遺言書をつくられると大変なのである。

❊認知症患者の遺言書

法律で遺言書を書けるのは、15歳以上の意思能力が十分にある者となっている。そのため認知症患者が書いた遺言書の場合、それが、意思能力が十分にあるうちに書かれたものかどうか、本人の正しい意思であるかどうかが問われることが多い。

特に問題となるのがアルツハイマー型認知症の場合だ。程度が進むと、脳の海馬が委縮して過去の記憶が保持できなくなる。記憶が抜け落ちてしまうから、複数の情報を同時に想起し判断する能力が失われてしまう。このように、物事を比較検討して判断する力がなくなった状態で、利益を受ける人が密室で繰り返し説得すれば、どうにでも遺言書ができてしまうことがある。光が丘パークヴィラが把握《はあく》している2例も、まさにそうしたケースであり、やはり遺言書作成時の意思能力の有無をめぐっての裁判になったが、いずれも結審するまでに長期間かかった。

1例目は、遺言をつくる前に医師の正確な診断はなく、裁判では介護認定に関わった医師と、保健指導で関わった保健所医師による説明となった。しかし、裁定《さいてい》基準はあくまでも遺言書をつくった時の意思能力の有無である。認知症になってからの診断では役に立たず、意思能力が疑わしいとされながらも示談《じだん》となった。

そして、もう1つの2例目だが、こちらは、「この遺言書は無効である」と主張した原告側が勝訴している。その判決は評価されるものであったが、一連の審議においては考えさせられることが多々あった。審議する裁判所も、公正証書をつくる公証人も、そして間に立った弁護士もみな、表面的な理解や思い込みで判断して進めてしまう傾向があり、アルツハイマー型認知症については、正しく理解されていないという印象を受けたのである。その内容についてはより詳しく、この後のコラム「司法の怪」で書くことにするが、私はこの裁判を通じて、今後さらに遺言書の有効、無効の議論が多発するだろうが、この点も大いに問題視されてくるだろうと痛感した。

私も30年間、有料老人ホームの経営を続けながら、相続については、いろんなことを経験した。その根本原因ともいえる、この認知症患者を誘導して遺言書をつくらせるという行為をどのように防ぐかは深刻な課題であり、その対策を考える日々だが、密室で行なわれることだから難しい点がある。ただ、解決方法を見つけるのは難しいが、一つ確実に言えることは、認知症が発現する以前につくられた遺言書があったとしても、法的には、作成時期が後のほうの遺言書が有効になる。それがアルツハイマー型認知症と診断された後につくられた遺言書であれば、それをつくった時点で意思能力があったかどうかが争われるということだ。後で問題にならないよう、認知症の疑いがある場合は、遺言書をつくる前に、意思能力があるか、専門医に診断を受けておくことが必要だ。

コラム　司法の怪

先に触れた、光が丘パークヴィラでの2つ目の例の詳細である。

元気だったCさんが、遺言書を書いてから、安心したのか認知症が進んだ。アルツハイマー型認知症――「朝ごはんに何を食べましたか？」と質問すると、朝ごはんを食べたことさえ思い出せない。明らかに物忘れとはいえない状態だった。そんな中で再度遺言書がつくられた。Cさんがつくったというより、関係者によりつくられたのだ。

当時、主治医はCさんについて、「アルツハイマー型認知症による海馬の委縮が著明《ちょめい》で、意思能力がない」と診断していた。しかし、そう言われて関係者は、「単なる老化だ」と反発して別の医師を受診し、セカンドオピニオンとして、意思能力があるという診断書を出してほしいと頼んだ。頼まれた医師は、診断書に意思能力について明言することは避けて遠回しに説明し、「同伴した関係者に財産をあげると言った」という一文を入れた。

それでも医師が読めば、意思能力がないと読み取れる診断書だった。しかし、遺言書の作成を請け負った弁護士は、その内容を読み取れず、「同伴した関係者に財産をあげると言った」と書かれた、その一文を唯一の根拠に、「私の判断では意思能力がある」と報告し、公正証書の文案をつくって公証人に依頼した。公証人は弁護士からの依頼だから、問題はすべて織《お》り込み済みと考え、何も調査せず、その文案から公正証書をつくった。そうして裁判になった。

繰り返すと、アルツハイマー型認知症というのは、脳の海馬という部分が委縮し、過去の記憶がすっぽり抜け落ちてしまう病気である。したがって、以前に書いた遺言書のことも抜け落ちている。それでも司法は、その、もはや記憶にないものと比較し、遺言書は期日が新しいほど有効だという。では、認知症患者を誘導して公正証書が乱発されたらどうなるのか。公証人が誤《あやま》れば、裁判官はどう判断するのか――。

セカンドオピニオンの診断書を書いた医師は最初、客観的な資料をできるだけ提供し、司法の判断に任せるとした。そのうえで、自分の書いた診断書が正しく理解されていないと、補足説明書も出した。しかし裁判官は無視した。公証人は裁判官の仲間であり、公証人は正しいことをしているとの先入観から、裁判官は心証《しんしょう》を出した。そこに間違いがあったのだが、この裁判官の気持ちを変えるのは大変なことだった。

医師は変わらず、できるだけの資料を提供するだけで、意思能力の有無は司法の決めることと判断を避け続けていたが、その判断があまりに見過ごせないと感じたのだろう。次第に見解を述べるようになった。

「公証人は、弁護士が間に入って公証人に依頼しているから、全部織り込み済みと何の調査もせず、弁護士の文面から公正証書をつくり、一度の読み聞かせで一文ずつ質問し、ハイと答えたと、だから公正証書を作成したのだ」という言い分に対しては、「答えの明細化もなく、むしろ誘導して答えさせた」と医師は指摘した。そして、「財産を関係者にあげるとの発言は、現実の状況を把握したうえでの自発的に形成された意思なら十分条件となるが、病的に低下した認知機能を利用して誘導されたものなら、正当な意思と呼ぶことは出来ない」とした。意思を明示したことが意思能力の有無につながるものではないとし、過去の経験をもとに判断する能力がなかったから、「意思能力はない」としたのである。

　その後裁判は、裁判長も加わり、３人の裁判官の合議体《ごうぎたい》になった。弁護士から、遺言書をつくる直前に診断したセカンドオピニオンの医師の尋問《じんもん》が要請され、裁判所もこれに同意し書類尋問を行なうことになった。そして医師は、再度の尋問で、「意思能力はない」とし、その理由を詳しく述べた回答書を提出した。中でも、以下の点を指摘していたことが印象に残った。

●アルツハイマー型認知症がある程度進行すると、相続人の誰かが、遺言者が納得するような単純な理由を繰り返し話して聞かせれば、別の相続人に財産を残すという遺言を作成できる可能性は否定できない。よって、他の相続人との関係を制限した場で、1人の相続人が自分に有利な遺言書をつくろうとすれば、その通りにできるであろうと考えられる。

●自宅での公証人の確認については、まったく内容の異なる遺言書を作成し、これを一文ずつ読み聞かせて諾否《だくひ》を問うても、同じ答えをした可能性が高い。

結果、3人の裁判官の合議体では、前の心証は否定され、遺言書無効の判決へと動いたのだった。その理由として裁判官は、「種々の証拠から、自己が置かれた現実の状況を理解、把握する能力を失っているアルツハイマー患者を、利益を得る関係者が誘導することによってなされたものであるとみることが相当である」と述べている。つまり、当時の遺言者は、医学的観点からはもとより、法的観点から見ても、遺言書をつくるだけの意思能力を欠いていたと認める判決に至ったのだ。

裁判官は当初から、弁護士と公証人の判断に間違いはないはずだという先入観を持っていた。そして、セカンドオピニオンの医師が提出した資料と補足説明書を無視し続けた。裁判官も人間だから、思い込みや偏見《へんけん》もあって仕方がない部分はあるのかもしれないが、裁判官は、憲法で保証された、司法における絶対の権力者、その判断は絶対だ。これを覆《くつがえ》すのがいかに大変だったかは、裁判が長期に及んだことが示している。最後の回答書でやっと専門医師の意見が取り上げられたという裁判だった。

超高齢化社会では、これからもこんなケースが多発するだろう。認知症は、常識で考える世界とは違う、それを知らないと理解ができない、接した者しかわからない、と言ってしまえばそれまでだが、司法方のアルツハイマー型認知症への理解が足りないことを痛感した。

そしてまた、この裁判は、公正証書作成直前に、専門医師の診断を受けていたことが判決に結びついたという貴重な判例でもある。こんな例もある事を参考にしてほしい。なお、この詳細な過程は、『判例時報　平成29年6月11日号』（判例時報社）で報告されており、それに基づき記載した。

老化と向き合う

※ 変わりゆく風景

開設から30年、入居者も高齢化したが、私も後期高齢者となった。これまで、いろんな壁に突き当たりながらも、何とか無事に乗り越えられてきたことに感謝し、ほっと一息、本館のロビーから中庭に目をやる。四季の彩りが今日も美しい。その庭を挟《はさ》んだ向こう側には南棟が見える。ロビーから見ると、傾斜地のために南棟は2階の高さとなり、なんと贅沢な空間だろうか。公園に隣接した傾斜地を実にうまく利用したものだと改めて思う。

光が丘パークヴィラは変わらない。しかし、ここに住む人たちの平均年齢は今や86歳となり、暮らし方はもとより、趣味や娯楽の在り方も変わってきた。当初はスペースだけをつくり、設備は入居者の要望に合わせて揃えることにした多目的ホールと娯楽室。最初に揃ったのは卓球台、ビリヤード、自動ピアノ、囲碁将棋、麻雀、図書、音楽装置、カラオケ装置、液晶プロジェクター等の映画装置……。同じく趣味的な活動の拠点として多目的工作室やアトリエもつくり、工作室では、陶芸や七宝焼きの教室がスタートしていた。
さて、その風景は、どのように変化しただろうか。

多目的工作室とアトリエ

まずは、開催当初から盛んだった陶芸教室。年齢が上がるのに伴い、体力と思考力が低下するから、土練《つちね》りの力不足、形成の繊細《せんさい》な指の動き、釉薬《ゆうやく》の選択、素焼《すや》きの労力すべてが低下し、お手伝いする特定の職員に負担が集中するようになった。職員の数を増やそうにも、陶芸に対する知識がないとお手伝いもできないし、入居者の高齢化により、何かと職員も時間的に忙しくなった。私も興味があり、かつては参加したものだったが、今ではそんな時間もない。外部指導者を頼むことも考えたが、これも準備が大変で、指導レベルの問題もある。老化によるハンディキャップはあっても、陶芸をする方の技術そのものは上がっているからだ。生徒の老化と指導者の確保難から、残念ながらしぼんでしまった。

七宝焼きは、心得のある入居者が指導してくれていたが、これも指導者の負担が増加し、指導者の高齢化もあり、だんだん離れていくことになった。アトリエの利用も伸びず、絵を描く人はいるのだが、1人で制作するのはつまらないからと、他所の絵画教室に通っている。そんなことで現在は、多目的工作室では新たな活動として、パッチワークのミシン掛けが行なわれており、アトリエはひとまず、書道家の作品展示や審査の会場に使われている。この施設の活用については、今後の課題である。

衰退する趣味・娯楽への自発性

娯楽室も様変わりした。ビリヤードや卓球台は、使われないので片付けられた。カラオケもする人がいなくなった。映像機器は変化が激しいので、何台も買い替えられた。今は大型液晶テレビができて、映画を見るのにスクリーンも使わなくなった。電子機器は故障も多いうえに、高齢者には使いきれないから、職員の手間が増えている。ご希望のものを揃えるという、合理的な方法をとったつもりであったが、それでも不用品が増加した。

多目的ホールは現在、主にリハビリ体操をするのに使っており、利用者の体調に合わせ、普通の体操、軽めの運動、さらに軽めの運動と、3グループに分けて行なっている。できるだけ大勢が参加できるようにと分けたのだが、それでも参加者の数は今一つ伸びず、誘導、声がけに努めている。障害が強くなるほど参加しなくなるから大変だ。この多目的ホールは汎用《はんよう》性が高いので、将来に向けてもっと利用度の高い部屋にすべきだろうと考えている。

また、和室の大広間は当初、茶室として利用されることを見込んでいたが、ほとんど利用されることはなかった。年をとって膝《ひざ》が悪くなり、座れなくなったので、洋室にしようかというのはすでに書いたが、さらに使い勝手を考えると、部屋の広さを変えられるよう、移動間仕切《まじき》りを導入するのも有効ではないかと考えている。

趣味・娯楽は自発的にと呼びかけたが、高齢化とともに次第に受動的になっていくのは避けられない。自発性、積極性をどう残すか。おそらく今後は、体力的に負荷《ふか》のかからないコーラス、映画鑑賞、講演会、コンサートなどに代わっていくだろう。

近隣のNHK文化センターやプールの利用

朝のリハビリ体操

者も減少した。入居者の世代交代がなく、同じ世代がそのまま高齢化し、新しく入居する方も高齢化しているからだ。この事実を裏付けるのが、光が丘パークヴィラでの死亡者の数である。すでに紹介したように、開設以来、まる31年間で亡くなった方は165人（図5→63ページ）だから、1年当たり5・3人。しかも、ここ20年、当施設の退去理由は、死亡退居がほぼ全員といっていいほどの割合を占めているのである(図10→119ページ)。いかに回転が遅いか、世代交代が行なわれていないかがご理解いただけることと思う。

世代交代がある程度行なわれていれば、平均年齢がほぼ一定に保たれるから、それほど大きく施設や対応を変えずにいられるのかもしれない。光が丘パークヴィラはこのような状況だから、この30年は変化が激しかった。老化と向き合うための変化である。そして、これからも変わってゆかねばならないのである。趣味・娯楽、文化活動を今後どうしてゆくかは難しい問題だが、大切なことなので、よく考えねばならない。変化と工夫が必要だ。例えば春秋のコンサートは、地域の人にも開放して成功している。趣味・娯楽も、これからは入居者だけでは成り立たないかもしれない。地域への開放も考えねばなるまい。

そして、共有部の部屋の使い方である。これからの対応はなかなか見通しが立たないが、方針としては、無駄を省《はぶ》いた効率的な活用を試みてゆこうと考えている。共有部の部屋はすべて多目的室にし、利用状況を見ながら流動的に活用してゆくというのはどうだろうか——と、こんなことを考えていた矢先《やさき》、いったん片付けた卓球台が、31年目になってまた呼び戻された。つくづく、見通しが立たない世界である。

✻お風呂の温度

湯温については、開設時から気を遣っていた。高齢者の湯温は微温浴《びおんよく》（37～39℃）が良いとされており、当施設でもこの温度を採用していた。ところが、ぬるいと言って、熱いお湯を入れて温度を上げる方、それを熱いと言って、水を入れてまた温度を下げる方、中には水を入れっぱなしで出てゆく方もおられ、

大浴場

これには対応が大変だった。

そんなことがあって、上は42℃までと妥協しているが、健康のためには高齢者は微温浴が良いと話している。その甲斐《かい》あってか、共同生活に慣れたからか、現在は、そのように自分の好みに合わせて湯温を調節する人はいなくなり、ほぼ微温に守られている。とはいえ、たくさんの方が利用すると湯温は下がり、入る人が少ないと湯温は上がる傾向があり、湯温の調節は難しい。

コラム　ヒートショックのお話

光が丘パークヴィラの併設診療所である中村内科クリニックには、時々、外来の患者さんから入浴事故の知らせが入る。特に冬に多い。お風呂上がりに気分が悪くなったというのが大半で、「ヒートショック」と呼ばれるものだ。

ヒートショックは、温度の急激な変化により血圧が上下して起こるショック症状だ。熱い湯に入り、火照《ほて》った体に寒い脱衣室は気持ちが良いものだが、この入浴方法は危険である。温泉、殊《こと》に冬の露天《ろてん》風呂も、そうした環境であるので避けたほうが無難である。特に高齢者、高血圧、糖尿病の方は、熱い湯に長く浸かると失神《しっしん》することもあるので、くれぐれも注意をしていただきたい。

光が丘パークヴィラでは、湯温は基本37〜39℃、冬は脱衣室も暖房を付けて室温管理を行なっている。風呂場の温度と脱衣室の温度の差を極力なくすことで、ヒートショックの発生を防いでいるのである。以下にヒートショックを予防するポイントをいくつか挙げたので、ぜひ参考にしていただきたい。

〈ヒートショックを起こさないために〉

●入浴するのは、人の機能がピークにある午後2〜4時頃が安全。

●湯温の設定は41℃以下に（光が丘パークヴィラでは37〜39℃、ぬるいと言う人のために42℃まで妥協している）。

●夕食後、飲酒後の入浴は控える（食後1時間以内や飲酒時は血圧が下がりやすい）。

●脱衣室を暖かくする（特に冬は注意）。

❇ 身元引受人不在の対策

有料老人ホームに限らず老人施設に入る際には、身元引受人を必要とすることがほとんどである。だが、身元引受人がいない人や、身元引受人を頼むのが嫌だという人がいる。兄弟がいても高齢だとか、甥や姪では頼みにくいとか、そんな例が増えているのだ。

一方で、身元引受人になりたくないという人もいる。身元引受人には連帯責任があり、金銭的な負担、身上介護の負担もあるから嫌だという。

光が丘パークヴィラでは、入居者の介護、看護、医療支援を施設で行なっているから、身元引受人にご負担をかけることはあまりない。問題は、一刻を争うような病気(心筋梗塞、脳梗塞など)を発症した時、治療のゴールデンタイムがあるので、時間にかまわず病院に呼び出され、検査や処置の承諾が求められることである。それなくしては、病院は治療ができない。しかし時間に関係なく呼び出されても応じられない人が多い。そこで当施設では、承諾を代行できるよう事前に委任状をいただくことにしている。代行は施設の責任者が行なう。では、身元引受人がいない場合はどうするか。光が丘パークヴィラでは、以下の条件を満たすことでご入居いただけるようになっている。

〈身元引受人がいない場合の入居条件〉
●任意後見制度の契約を行なうこと。
●遺言信託の契約（信託銀行）を行なうこと。
●入院対応（医師との協議、治療・手術の説明と同意、手術の立ち会いなど）は、施設が委任状をもって代行することにご同意いただけること。

存命中の支援の仕方やご逝去後の対応については、お元気なうちにご本人とお約束をしている。これで十分で、この30年間、特に問題はなかった。

※施設でのお金の預かり方

光が丘パークヴィラは健常者型施設だから、入居者はご自分で財産管理をすることができる。しかし、老化とともに認知症が進み、判断力が次第になくなり、自分で管理することができなくなってくる。その時に誰にお願いするか。通常の流れでは、身元引受人または入居時に契約した任意後見人に引き継ぐことになる。引き継ぎは、本人の判断力があるうちに行ない、そのタイミングは主治医が見極める。本人と身元引受人・任意後見人、施設側の3者で相談して合意するのが前提だ。しかし、いざ引き継ぐとなると、入居者によってはさまざまな事情、そして思いがあり、必ずしもこの流れで進むとは限らない。

身元引受人や任意後見人に預けたくない、預けられないという場合について、預けたくない理由は人さまざまであろうが、頼んだのが親戚といっても遠い関係だったり、赤の他人だったりする場合は、躊躇《ちゅうちょ》することもあるかもしれない。預けられない理由としては、例えば、複数いる子供のうちの1人が身元引受人で、相続する時は兄弟で分けることになっており、揉めごとが起きてもいけないから1人には預けられない、当人も、「勝手にしたと思われるのが嫌、預かるのは嫌」と言っている——というようなこともあった。

では、どうしたいのかと問えば、「施設で預かってほしい」と。これから引き継ごうという方ばかりではない、まだ引き継ぐ必要のないような方からも希望があった。理由を聞くと、「任意後見人はいるが、後見制度が始まる（認知症になる）までは預かってもらえないから」と言う。意思能力はあっても、自分で管理するのが面倒になってきたようだ。

そこで、施設が預かる場合、どうしたらよいかと検討した結果、まずは銀行と同じタイプの個人貸金庫を設置し、ここに重要書類など大事なものを入れていただくことにした。金庫の扉は、本人の鍵と事務所の責任者が管理するマスターキーを合わせなければ開かないので、本人と一緒に確認できるというメリットがある。さらに、貸金庫に入れたものはコピーまたは写真に記録し、ファイルをつくって入居者と施設側で保管する。記憶違い、物忘れ、認知症などによるトラブルの防止策である。これが面倒だ、嫌だという場合は、以下の金銭管理だけを行なう。

施設では、管理費と食費が引き落とされる銀行普通預金口座の通帳のみを預かり、貯蓄については、一定期間ごとに出し入れしなくて済むよう、自動継続定期預金などにする。その他の金融商品も、以後の手続きが必要ないよう整理していただく。殊に近年は個人情報保護法が強化されて、他人が代行できる範囲が制約されている。そのため、できるだけ

貸金庫室

手がかからないよう、すっきり整理していただくようお願いしている。

預かり後は、支払いが生じても現金支払いはせず、すべて立替払いで、領収書を添えて月末請求する。このようにすれば月末請求書が家計簿となる。どうしても現金が必要な場合は、サインをいただき、立替払いでお貸しする。限度額は1回5万円までとしている。

月末請求書、貸金庫開閉の記録簿、通帳はいつでも閲覧《えつらん》できるし、定期的に説明も行なっている。また、引き落とし口座のある銀行は、呼んだらいつでも施設に出張してきてくれるので、必要な時は本人の立ち合いで処理することもできる。

〈施設に財産を預けるための準備〉

貸金庫の契約

●本人が貸金庫の扉を開閉できなくなった場合に備えて、契約時に代理人を指定する。

銀行口座の整理

●多数の銀行に口座がある場合は1～2行に整理する。

●保険や年金の掛け金、公共料金などの引き落としは、施設が預かる通帳の口座に一本化する。

預金・金融商品の整理

●定期預金は自動継続にする。

●ファンド（投資信託）、株式などは、現金化して銀行の定期預金口座または普通預金口座に入れるか、整理するかして、すっきりした形にする。

そのほかの必要な手続き

●念書を入れる（通帳を預かる口座に、施設が立替払いした金額を月末請求できるように）。

●キャッシュカードを解約する（基本的に現金の出し入れはしないため）。

いろいろ面倒だと思うかもしれない。しかし、入居者の大切な財産をお預かりするのである。すべて証拠を残し、説明できるようにしておくのが当たり前と考えれば、どれもが必要なことなのである。そして、ご生前からこのように、すっきり整理しておいていただくことは、いずれ相続人となるご家族からも喜ばれている。

財産管理についても、このような方法で行なってきて問題は起きていない。しかし、高齢化が進み、施設に預けたいと希望する入居者が増える中、誰が管理するか、人の問題がある。これまでは代表の私と支配人とで管理してきたが、今後に向けて新たなシステムづくりが必要だ。

※老後の資金を無駄に減らさないために

老後の資金は、何があっても安全に守られなければならない。それを最期まで守ってくれる人を、信頼できる身内に求められれば良いのであるが、近年は少子化や核家族化が進み、経済活動も忙しくなったことから、親兄弟でさえ疎遠《そえん》になっているという現状がある。独身で通す人も増えて、身元引受人がいないというケースが珍しいことではなくなった。そして、そのような境遇《きょうぐう》にある人のために設けられているのが成年後見制度である。被後見人の状態に応じて、任意後見制度と法定後見制度の2つの制度が用意されている。

●任意後見制度…正常な判断力がなくなった時のために、前もって本人が後見人を選んでおくことができる。

●法定後見制度…正常な判断力がすでに失われている状態の時に、家庭裁判所が後見人を選定する。

このうち、法定後見制度については、その問題点を認知症の「症例②」(↓82ページ)の中で述べたところである。この例では、認知症患者の兄と弁護士の2人が後見人に選ばれた。身上管理を行なう兄が足を使って手続きをして回り、金銭管理を行なう弁護士は、事あるごとに書類に判を押すだけで高額な手数料を請求してくる。管理費についても、裁判所が決めると言って明らかにしないまま、成り行き任せで口座から引き落とされてしまう。病気が治れば後見人を解除できると家庭裁判所は言うが、認知症は治らないから、その患者が亡くなるまで、高額な手数料と管理費を払い続けることになったのだった。これでは、せっかく貯めた老後の資金を無駄に減らすばかりで、守るどころの話ではない。

その点、任意後見制度は、問題のある方でも選ばない限りは、そんなことは起こらないだろう。意思能力があるうちに前もって契約しておくので、あらかじめ希望を伝えておくこともできる。しかし見ていると、任意後見人も今は個人の年配者がなることが多いようだ。もしも任意後見人が先に亡くなり、その時、被後見人が正常な判断力を失っていれば、任意後見制度は続けられず、法定後見制度になるのである。となれば、どちらと言わず、成年後見制度自体が、安易に利用できない制度と考えるのが流れではないだろうか。

最近は、身元引受人がいない場合、それを引き継ぐ団体ができて、法人が身元引受人を代行してくれるという。これは良い制度だと考えたが、2016年、公益法人、唯一の身元引受代行業者が、預り金の不正流用で倒産した。これでは大変だと考えてしまった。

だがそこで数社を調べてみると、長期に運営し、内容も良く、当施設の考えと両立できる組織もあった。

前述した通り、老後の資金管理は、光が丘パークヴィラでも問題なく行なうことができる。しかし責任者の負担は大きく、このような制度を併用したほうがよいのではないかと考えている。万一を考え、二重の安全対策をとる意味でも有効ではないだろうか。今後は、身元引受人がいない方には、そうしたところを複数紹介し、十分な情報提供をしたうえで、入居者に選んでいただこうと思っている。

こうしていろんな問題を掘り起こしながら、最終的には施設の責任だから、十分な備えが必要だと痛感している。人の一生を預かるのは大変なことなのだ。通過点ではなく、すべての終末点であることを十分認識する必要がある。終の棲家には、重い責任があるのだ。

❇ 光が丘パークヴィラの詩

以前なら、夏が終わりにかかると、カナカナという蜩《ひぐらし》の声が聞こえたものだが、最近はほとんど聞こえなくなった。夕暮れに大きく聞こえた秋の虫の声も小さくなった。

夏の夜には、中庭に大きなガマ蛙《がえる》が現れたが、このところ見られない。蛇がテラスに上がることがあり、入居者をびっくりさせたが、こんなこともめっきり減った。鳥の種類も減り、もっぱらスズメやムクドリばかりだ。よく見られた珍しい鳥の来訪も少ない。周囲の開発が進み、自然環境が変わってしまったからだ。しかし隣には、今も広大な光が丘公園があり、緑が多く、まだまだ自然がある。南棟の前には大きな木が茂《しげ》り、軽井沢《かるいざわ》にいるかのような別世界だと喜ばれている。

天候も変わった。前の年は夕立が少なく、スコールのような雨が多かった。台風の襲来《しゅうらい》も早くなり、亜熱帯に変わったようだ。デング熱が流行したり、渡り鳥が病気まで運んでくるようになったり。盆栽《ぼんさい》はいくら水をやっても、枯れ枝が出てくる。これも、前年が猛《もう》暑《しょ》で、日照《ひで》りが激しかったからではないか。そう思って木の下に避難させたが、それでも枯れ枝が出る。自分の手入れの至らなさをよそに、これは公害ではないかと思ってしまう。

それでも、大きな木は茂りすぎ、落葉の時期になると、掃除をしてもしきれない。周囲にご迷惑をかけてはいけないと、3年に一度は思い切った枝おろし、伐採をする。ケヤキもますます大きくなり、空から写真を撮ったら、その大きさに驚き、職人がサーカスのような枝おろしをした。その見事な技を、みんなで楽しんだ。この変化も楽しいものだ。まだまだ白然がある。この緑を大切にしてゆこう。

中庭には、春一番でカタクリが咲く。入居者の1人が中庭に移植してくれたのだ。分けてあげたカタクリは、みな枯れたという。木陰《こかげ》に植えたから条件が良かったのか、今でも毎年楽しませてくれる。しかし増えない。1株だけだ。それをみて、職員が青森からカタクリをとってきて移植した。1年で終わり、絶えたと思ったら、数年後に生えてきた。たくさん生き残っていたが、成長が遅いのだ。今ではたくさん咲いている。

カタクリの後は、中庭の花のパレードが始まる。八重《やえ》の里桜《さとざくら》が咲き、つつじ、さつき、花水木《はなみずき》と続く。芝生《しばふ》にねじり花が咲くと、夏の訪れを告げる。芝が緑になり、安らぎを与える。秋に花水木が紅葉し、ロビーの石まで赤く染める。芝生は黄色に変わり、静寂《せいじゃく》な冬が訪れる。この庭の四季の変化を、ロビーから、渡り廊下から、大きな一面ガラスを通して居ながらに楽しめる。この30年、高齢者をどんなに楽しませたか、癒《いや》したか計《はか》り知れない。これは大切にしてゆこうと手入れに力が入る。

そんな庭の姿を見ながら書いた下手な詩がある。これも昔の想い出になった。カナカナという蜩の声が消えたからだ。

光が丘パークヴィラの詩

春はカタクリに始まって
　花のパレードが始まります
ねじり花が夏を告げ
　芝の緑が目にしみる
夕暮れの蜩の鳴く声に
　夏の終わりをふと感じます
秋は花水木が紅葉し
　ロビーの石まで赤く染めます
やがて芝生が黄色に変わり
　静寂の中にふと我を振り返る
長い人生いろいろあったが
　過ぎてみれば淡い思い出
今が幸せならすべてよし

夏の到来を告げる中庭のねじり花

来る春の彩りを夢見ながら
そっと心にしまっておこう
中村美和作詩

この詩を改めて読み返してみて、まだ光が丘パークヴィラの自然は生きている、蜩の声が消えたのは寂《さび》しいが、ほかは変わっていないと思う。

中庭の四季の変化は人生と同じだ。華やかな時期もあったし、枯れてゆく落ち葉の芝生を見ながら、そんな時もあったかと感慨にふける。しかしまた春が来る。草花や木々の成長に、また力をもらう。自然の変化にどれだけ力付けられたか。楽しい夢を見ながら、時の過ぎるのを楽しむ。

✻姥捨山から駆け込み寺、そして終の棲家へ

ここに興味深いデータを掲載した。開設以来の退去者数、戸数、死亡者数を重ねたグラフである（図10）。見ると、開設してからの3～4年は、死亡者数と退去者数の乖離《かいり》が大きいことがわかる。これは、死亡以外の原因での退去が多いことを表している。

開設当初はまだ、この種の施設の理解がなく、「入居します」と言うと、「お気の毒様」と返されるような時代であった。さすがにかつて言われていたような〝姥捨山〟からは、いくらかイメージが改善されていたが、駆《か》け込み寺、逃げ込み寺のような一時逃《のが》れ的な場所と考え、自分の困難な状況を回避するために入居した人もいた。精神病、家庭問題、人間関係のもつれなどから衝動《しょうどう》的にご契約されて入居。その動機がわかった時点で説得して早期退去となった。

しかし、そんな事態も、開設して5年目あたりから次第に落ち着き、徐々に死亡者数と退去者数が連動するようになっていく。定着率が上がりはじめたのである。

図10　年度別退去者数・戸数・死亡者数

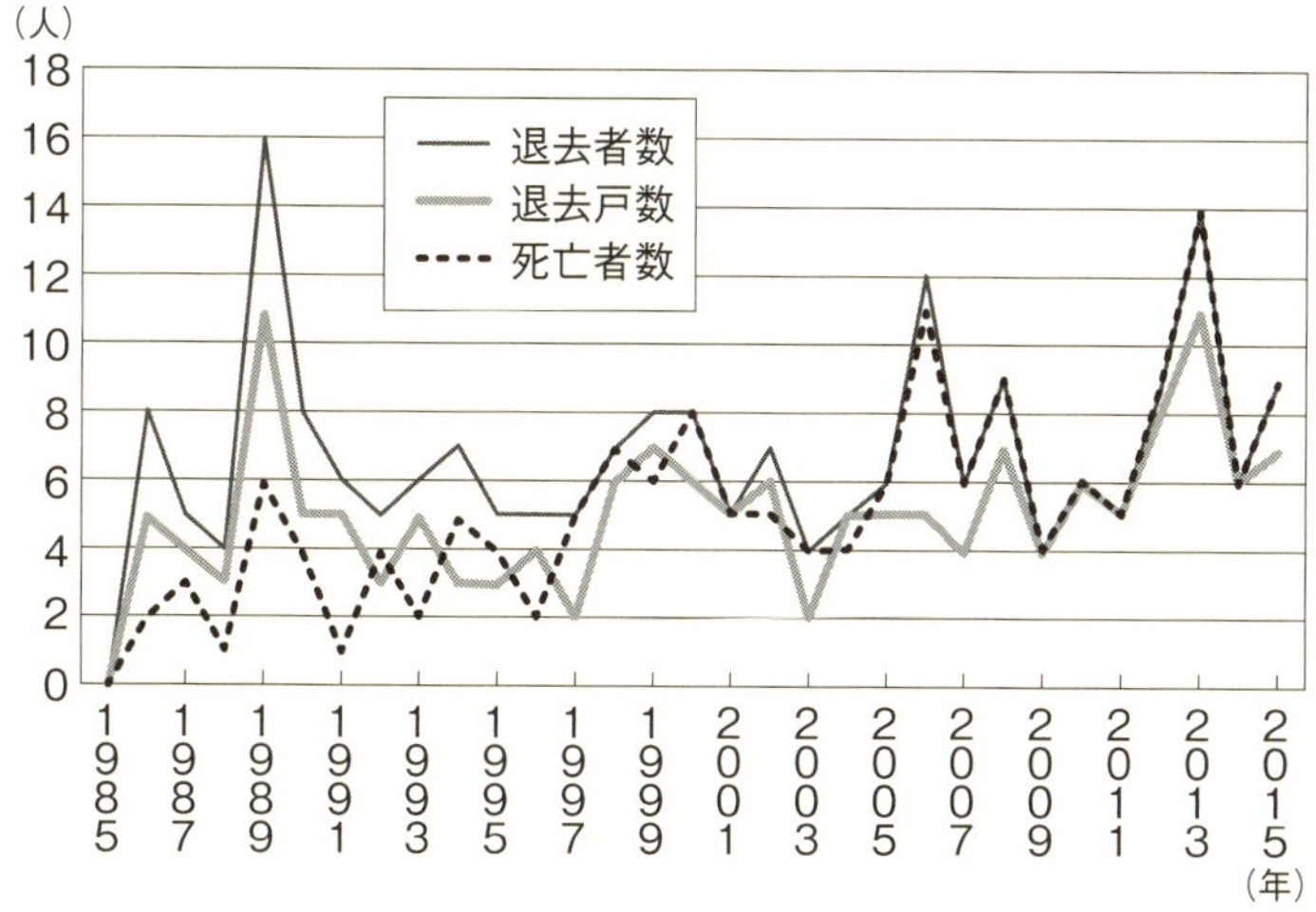

定着率と施設の理解度とは関係しているように思えるが、どうだろう。もしそうならば、昭和の末期では、まだまだ有料老人ホームというものが理解されず、ぼつぼつ理解されるようになるまで、5年かかったということになる。

そして、終の棲家だと理解されるにはもっと時間がかかった。年を経過して、長期居住者が増加し、その人たちがまとまって死亡した年があった。戸数については、2人で入居し、1人だけが死亡することがあるから一致はしないが、退去者数と死亡者数は一致している。ようやく有料老人ホームが、終の棲家として理解される時代がきたということであろう。

このように、死亡者数と退去者数を比較して見るだけでも、有料老人ホームの歴史がうかがえる。ここから先は、従来にも増して、施設側の努力が問われることになるだろう。どれだけ終の棲家として機能し、役目を果たすことができるか、その達成度は、施設内看取りのパーセンテージで示せるのではないだろうか。

現在、光が丘パークヴィラでは、施設内看取り85%を達成している。この数字を限界と見るか、まだまだ伸ばせると見るか、ご判断は、次章に紹介するデータをご覧になられたみなさまに委《ゆだ》ねることとなろうが、私としては、まだまだ伸ばせる余地《よち》があるし、伸ばしていかなければならないと考えている。

第3章

有料老人ホームの役割

さまよえる老人

✼急性期対応へとシフトする病院

ある高機能病院の患者家族への案内には、次のようなことが書かれている。

「平成26年の医療保険制度等の改正により、急性期病院とそれ以外の病院との役割分担がさらに進められることになり、当センターは急性期病院として入院日数の短縮等が求められております。入院されたばかりの時期や手術直後などにおきましても、退院や転院の予定などに関するご説明やご相談をさせていただく場合があります」

入院早々退院の話をされて転院先を探し始める――これが今の日本の医療の現実だ。

病院は、社会的入院や慢性化した患者の長期入院を拒否するようになり、急性期対応にシフトした。不足するベッドを有効活用するためにも、経営上からも、早期退院、入院期間の短縮が至上命令となり、治療が終われば、治療法がなければ、治療を断れば、いつでもどんな状態でも退院させる。

治療の手立てがなくなった末期癌患者、治療法のない障害者、さまざまな疾患《しっかん》や老化で寝たきりになった年寄り、食事形態を変えて見守るだけの嚥下《えんげ》障害のある高齢患者……。その誰もが、その後も継続して医療・看護・介護にまたがるケアを必要とする方々である。末期癌患者の場合は、緩和ケア外来に回されたりもするが、自分1人では通えない。退院しても介護者がおらず帰る場所のない老人は、その病院で紹介された先や、自分で探した次の場所へと移るほかない。その移った先でもほどなくして、「そろそろ退院を、転院を」と声がかかる。病院や施設間でのたらい回しである。

たらい回しをされる原因の1つが、病院、各種老人施設を目的別に縦割りした介護保険制度である。介護療養型医療施設（老人病院）は、長期間入院が可能で医療支援も受けられるが、高度な医療対応が必要な場合は高機能病院へ移される。介護老人施設（老健）は、リハビリ中心の短期間対応で、医療支援も行なえるが軽度なものに限られる。そして介護老人福祉施設（特養）は、重度要介護者が対象で長期対応できるが、介護だけで医療支援は受けられない。

老人の場合は、医療が必要であったり、看護が必要になったり、介護が必要になったり、どれか1つで用が足りるということは少なく、また、いつ医療対応、看護対応、介護対応に変化するかも予測できない。これが老人対応の難しい点だ。これらがうまくかみ合った、総合的な医療・看護・介護の力が求められるのである。

※訪問サービスによる支援は有効か

こうした不都合や施設不足を、少しでも補てんしようというのだろう、今、行政では介護相談窓口として、区市町村ごとに地域包括支援センターを配《はい》している。受けられる主なサービスは、訪問介護、訪問看護、訪問医療――。介護疲れから、いろいろな事件が起きている昨今、こうした訪問サービスによる支援は、一定の介護者が家にいて、そのうえで受けるのなら良いだろう。しかし、一定の介護者がいない家で成り立つだろうかと考えると、絶望的なように思える。

決まった時間に来て、必要にして義務付けられたことをして帰る。滞在時間は短い。食事の用意も、調理は禁止されていることがほとんどだから、せいぜい電子レンジやガスコンロで温め直す程度だ。では、普段から付き添う介護者がいない場合、その温めるものは誰がつくるのか、買ってくるのか。容態が急変した時はどうするのか、訪問ヘルパーがいない時に、自分でトイレに行けるのだろうか……。

また、行政による支援は、画一的《かくいつ》な尺度《しゃくど》ではかり、必要度の高い人から優先的に行なわれる。これでは支援が十分には行き渡らない。こんなシステムを取らざるを得ないのは、介護人口が減少しているからである。この根本的な問題から何とかしなければならないだろう。今後も高齢化は進み、介護を必要とする老人が増えていくのである。その将来は、今現在行われているようなシステムやサービスで乗り切れるほど甘いものではない。

※縦割り行政の弊害

行政による老人施策は、どうしても後手後手《ごてごて》になってしまう。施策を打ち出すよりも速く高齢化が進むから、追い付くことができないでいるのだろう。

では、どうして追い付けないのか。それは縦割りの弊害《へいがい》である。

縦割り行政は無駄が多い。無駄が多いということは、時間がかかるし、経費もかかる。それを嫌というほど実感させられたのが、行政の施設調査が入った時だ。厚労省が、国交省が、行政監督官庁が、東京都が、区役所が、さらに消防庁が、それぞれ日を違えてやって来ては、その都度同じような調査をする、同じ資料を要求する。やれやれだ。それでいて、その調査結果が、どれだけ行政に反映されているかといえば、大いに疑問である。

地方自治体でも、各部署が細分化されているので、現場の理解が伝わりにくい。伝わりにくければ意見が通らないし、施策にも結びつかない。これでは、調査のための調査であって、経費を使った点数稼《かせ》ぎと言われても仕方がないのではないか。まさに巨大化した縦割り行政の欠陥《けっかん》であり、民間ではこれを無駄というのである。

意思の疎通の悪さは、役所間でも同様である。現場のことは、地方行政機関が一番把握しているはずだ。だから、普通に考えれば、現場からの意見、現場を知る機関の意見を上級機関が組み上げ、それが施策に結びつく、というのが順番ではないだろうか。

しかし、わが国の行政は逆で、施策は上から降りてくる。現場の目が上級機関に向いているからである。上級機関は基本方針を決めたら、あとは現場に近い地方行政機関に任せてはいかがだろうか。一方で地方行政機関も、現場をよく理解し、それに合う施策をつくるための努力と勉強が必要だろう。地方自治とは、そうして機能していくものではないのか。地方行政機関に、それを担う能力がないというなら仕方がないが、いつまでも今のようなピラミッド型行政を続けたのでは、進歩がないし、無駄が増大するばかりである。

そして、組織が縦割りなら、その組織がつくる施策も縦割りである。老人施設も老人福祉法、医療法、それぞれの発想で分類してつくられてきた。そして、その弊害を小手先で調整する。

重ねて言うが、老人対応は、老人福祉法と医療法の縦割りではうまくゆかない。生活支援も含めた、介護・看護・医療支援の総合対応でなければだめである。役所の窓口も細分化されているが、高齢者に対しては、総合的なマネジメントが必要ではないか。

——と、そんな不満ばかりを言っていても解決しない。この超スピードで進む高齢化にどう対応するか、私たちとしても考えねばならないだろう。このすきまだらけの縦割りの施策をカバーできるのは、やはり横の連携を意識した民間の発想と機動力ではないか。行き先が見つからずにさまよう老人、その受け皿としての役割を担うことが、有料老人ホームに求められているのだと思う。

❊ 世界からも後れをとる日本

では近年、いったいどれだけの人が、有料老人ホームを含めた老人施設で看取られているのだろうか。129ページの上に掲載したグラフ（図11）は、2005年から2016年までの12年間における日本人の死亡場所の推移を示したものだ。厚労省により発表されたデータをもとに作成したもので、「介護施設」は3つの介護老人保健施設（老人病院・老健・

特養）と老人ホーム、「医療機関」は病院と診療所をそれぞれ合計したものとなっている。最も多いのは医療機関で、年々減少傾向にはあるものの、70〜80％台を占めている。一方、介護施設は徐々に増加してきてはいるものの、10％台の自宅を下回る1桁《けた》台にとどまっているという状況だ。

世界的に見たらどうだろうか。これについては、同じページの下の表（表2）をご覧いただきたい。病院で最期を迎える割合が、こんなに多いのは日本だけである。ほかは多い国でも60％未満となっている。翻《ひるがえ》って、施設で亡くなる人の割合はどうだろうか。「ナーシングホーム・ケア付き住宅」の欄であるが、これも1桁台にとどまっているのは日本だけである。スウェーデンは31％、オランダは32・5％。日本は大きく後れている。

この数字は、医療経済研究機構が２００２年に公表したもので、データとしては多少古いが、大まかな傾向はおわかりいただけるものと思う。

❇施設での看取りが少ない理由

病院が終末対応を行なわなくなった今、「終の棲家」としての役割を担わなければならない有料老人ホーム。他の老人施設を含めても、施設での看取りがなぜ、こんなに少ない

図11　死亡場所構成割合の推移（2005〜2016年）

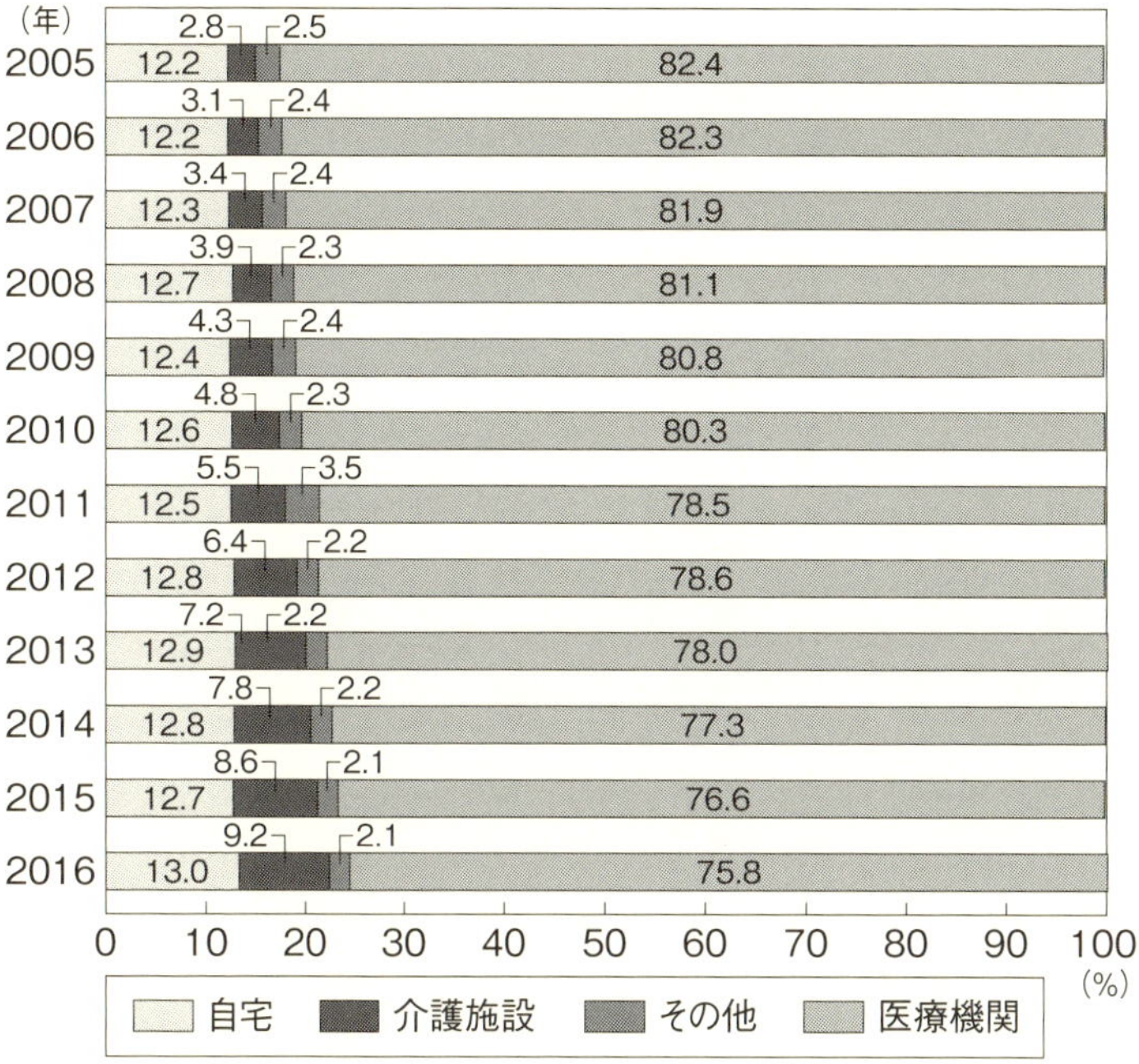

出所：厚生労働省「人口動態統計年報」　※四捨五入により100%にならない年がある。

表2　各国の死亡場所の内訳

（%）

	病院	ナーシングホーム・ケア付き住宅	自宅	ホスピス	その他
日本	81.0	2.4	13.9	ー	2.8
フランス	58.1	10.8	24.2	ー	6.8
オランダ	35.3	32.5	31.0	ー	ー
スウェーデン	42.0	31.0	20.0	ー	7.0
イギリス	54.0	13.0	23.0	4.0	ー
デンマーク	49.9	24.7	21.5	ー	3.8

出所：医療経済研究機構 2002

のか。その原因として思い当たるのが、医師法第20条だ。
その条文は、以下の通りである。

医師法第20条
医師は、自ら診察しないで治療をし、若しくは診断書若しくは処方せんを交付し、（中略）又は自ら検案をしないで検案書を交付してはならない。但し、診療中の患者が受診後二十四時間以内に死亡した場合に交付する死亡診断書については、この限りでない。

この規定により、死後24時間を経過したら死亡診断書が書けない。施設で死亡すると、医師が常駐していない施設では診断書を出すのが難しいため、容態《ようだい》が急変した患者は救急車を呼んで病院に送ることになる。
この規定に疑問が起こり、問題になった。そのため厚生省（当時）は第20条の但《ただ》し書きとして、「診療中（かかり付け）の患者であった場合は、死亡の際に立ち会っていなかった場合でもこれ（死亡診断書）を交付することができる」という通知を各都道府県知事宛て出したが、医師への周知は徹底されていない。

通知とは行政機関の内部文書で、上級機関から下級機関に対し、指揮監督《かんとく》関係に基づき、その機関の所掌事務について示達《じたつ》するために発するものと位置付けられている。したがって一般医師は、ほとんど目に触れないことになる。その結果、医師法第20条に従うことになる。そして、救急車の到達時に患者が死亡していれば、東京都の場合は警察署に連絡され、鑑識《かんしき》が入り、事件性があるかどうかが調査され、医務監察《かんさつ》院の医師が死亡診断をすることになる。この間、主治医には病名と、どんな薬を飲んでいたかについて警察から問い合わせがあるだけだ。主治医の介入はほとんどなく処理されている。死亡診断書も、事件性がない場合は、主治医に書いていただけるかといった問い合わせが時にはあるが、基本的に主治医が出すことはない。

医師が常駐していない施設ではこのように、死期が近づいた入居者は救急車で病院に送ることになり、間に合わずに死亡していれば警察へ連絡することになる。このことが、施設での看取りが少ない原因になっている。

施設で看取る割合が多い外国では、どうしているのだろうか。以下は、外国の施設で働いていたある看護師の話だ。

「当直をしていた夜に患者さんが亡くなり、施設の担当医を呼んだのですが、いくら待ってもいらっしゃらなくて。けれど、それでも死亡診断書が出たんです。不思議に思ってご遺族に聞いてみたら、その患者さんが病院から施設に移る時に、施設で死んでも自分が死亡診断書を書くからと、病院の先生に言われていたそうで……。死亡確認をせずに死亡診断書が出せるなんて、日本とはずいぶん違うものだと思って、びっくりしたのを覚えています」

どうも、亡くなったら死亡診断書を書くとの約束が、施設に入る前に入院していた病院の医師とあったようだ。日本の制度に慣れた看護師は、てっきり施設の医師が来るものと思って待っていたという。これは制度の違いだろう。緩やかな規定になっているようだ。

翻って日本では、例えばこんなことがあった。

有料老人ホームの入居者が、ある朝、居室で転倒して頭部をベッドサイドにぶつけて脳内出血を起こし、施設の医師が付き添って救急病院に搬送した。病院に着いてCT検査をしたところ、脳内出血高度。診察中に意識が消失し、これでは1日持たないだろうと、施せる治療はないが、そのまま緊急入院ということで病院に託した。そして夕刻死亡した。

しかし、このような場合でも、病院では死亡診断書を書かずに警察へ送られた。自室で転倒し、ベッドサイドに頭をぶつけたことは施設の医師が確認していたが、事件性があるかどうか、病院では判断できないため診断書は書けないというのである。

死亡する前に病院に搬送して診察もし、亡くなったのは、それから24時間以内である。それでも死亡診断書を出せないとは過剰《かじょう》ではないかと思うかもしれない。しかし、これは事故死である。事故死の場合は、医師が死に際《ぎわ》に立ち会っても、警察に調査を依頼する。根拠となるのが、次の医師法第21条だ。

医師法第21条
医師は、死体（中略）を検案して異状があると認めた時は、24時間以内に所轄警察署に届け出なければならない。

これについて、一概に良い悪いは言えないが、死亡診断書の発行を難しくしていることは確かだ。病院で診ていた患者が施設で亡くなったら、病院の医師が診《み》なくても死亡診断書が発行できるという、外国の制度との違いは大きい。

病院は急性期対応へとシフトし、老人を看取る場所ではなくなってきている。その受け皿として有料老人ホームが期待されているのであれば、施設の担当医が死亡診断書を発行しやすくなるように、法制度を見直す必要があるのではないだろうか。

ちなみに警察が関わり、監察医が死亡診断をする場合、医務監察院でも医師が不足していて出張するのは困難だから、警察署に遺体を集めて一度に診断することになる。ビニール袋に裸《はだか》で入れられ、集められる遺体。とても家族には見せられないし、そんなふうにご遺体が扱われたことすら悟《さと》られたくない気持ちになる。だからご遺体が帰される時は、浴衣を持って駆け付け、家族の目に触れないよう事前に処置することにしている。

こうした現実があることにも鑑み、制度を改革していただきたいものだが、現行制度を変えるのは難しい。殊に医師法第20条がある限り、今の状況は続くだろう。仮に、かかり付けの患者の場合は〝24時間以内〟の縛《しば》りがなくなるという通知（但し書き）を周知させたところで、やはり医師としてはトラブルを避けたい。責任回避から受け入れられず、現状を大きく変えることにはならないのではないか。但し書きではなく、第20条そのものを改正できないものか。不都合が生じているのである、少なくとも見直そうという姿勢が大切ではないか。但し書きの通知を出すといった小手先の対処では不十分だ。そもそも通知を出したら、次は法律の改正に進んでもよさそうなものだが。

この問題は、今に始まったことではない。これまでもさんざん提起はされながら、なぜ改正へと進まないのだろう。役所で問えば、「法律を変えることは難しい」と、いつもあいまいな答えだ。これも責任回避のお役所仕事なのだろう。誰も責任を持ちたくないのである。みんながおかしいと思っても、後で責任を取らされるのが怖くて誰も何もしようとしない。これが役所の処世術か――。

久しく議論されている問題だから、余計そう思ってしまうのかもしれない。

光が丘パークヴィラの取り組み

❇ 施設内看取り85%を達成して

光が丘パークヴィラは、行き場のない老人の受け皿となるべく、終の棲家となれるように30年努力してきた。終の棲家とは、「最期までここで暮らしたい」と思えるような場所であり、最期まで暮らせる場所でなくてはならない。そのために、快適に暮らしていただけるような居住環境を追求する一方で、ケアセンターも開設し、医師、看護師、介護士がうまく調和して機能するように努めてきた。

決して簡単なことではなかったが、病院から帰される入居者はすべて受け入れ、対応してきた。殊に重症の方は、〝受け入れてくれないのでは〟と心配しながらご相談されるが、そんな時でも、「私どもの施設では、全部受け入れますから心配ありません」と話すとホッとされる。病院はもはや、老人を看取る場所ではなくなってきているのだ。どんな状態でも引き取るところがなければ困るだろう。高度な医療処置が必要となり、病院へ移られた入居者についても、病院から「退院」と言われたら、どんな状態でも引き取ろう。看取るだけでも引き取ろう、これが「終の棲家」なのだと、そう思いながら続けてきた。

ここに紹介したデータ（図12）は、ケアセンターを開設する前と開設した後の入居者の死亡場所を調べて比較したものである。開設する前は、病院とケアセンターがほぼ同じくらいだったが、開設後は、ケアセンターでの死亡が圧倒的に多くなった。その割合は、病院15％、ケアセンター83％（図13）。光が丘パークヴィラ開設以来の累計を見ても、ケアセンターでの死亡が、病院での死亡のほぼ4倍近くとなっている。そしてこれらのデータは、２０１６年7月時点での集計をもとにつくられたものだが、その後、２０１７年に入

図12 ケアセンター開設前後の死亡場所

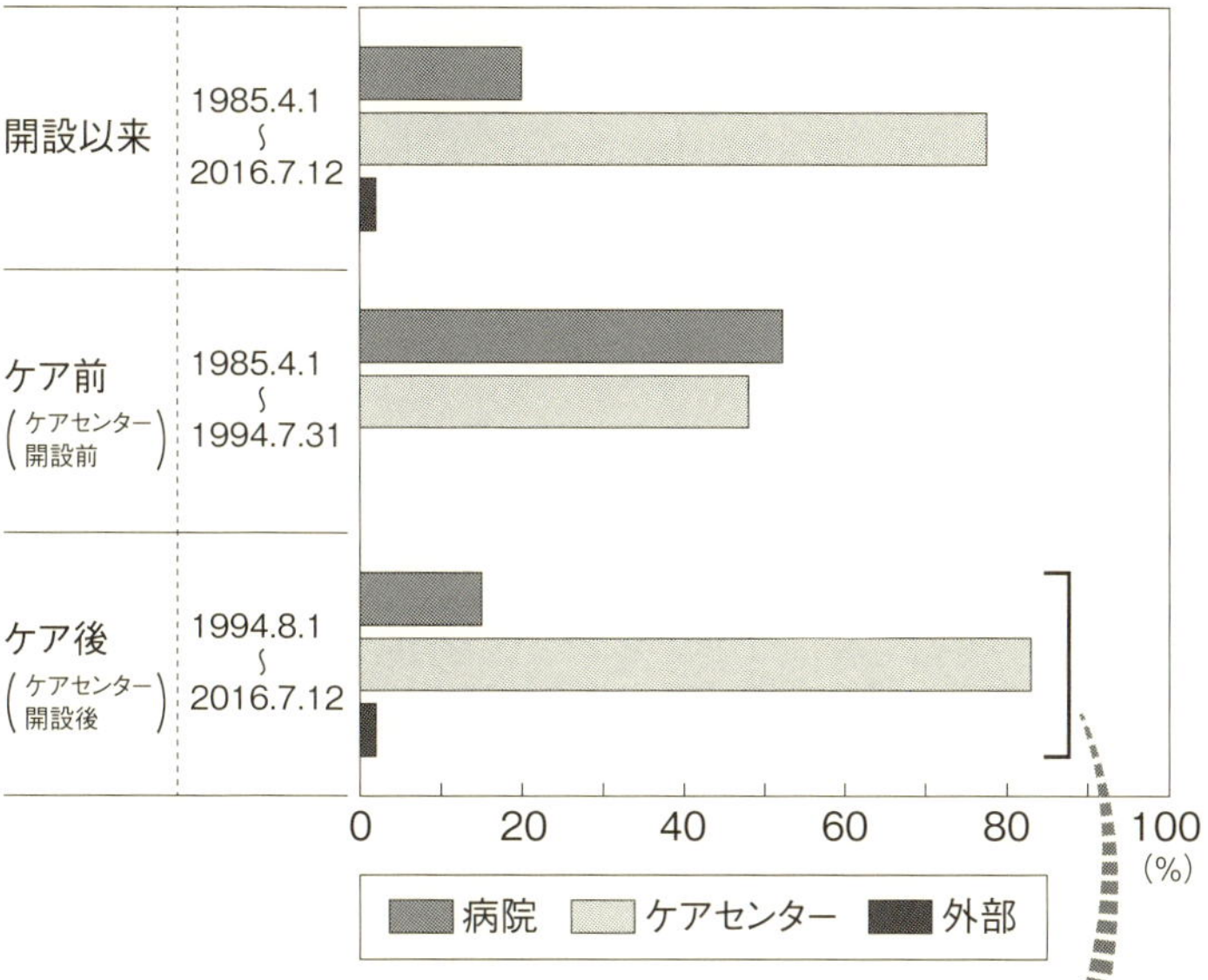

図13 ケアセンター開設後

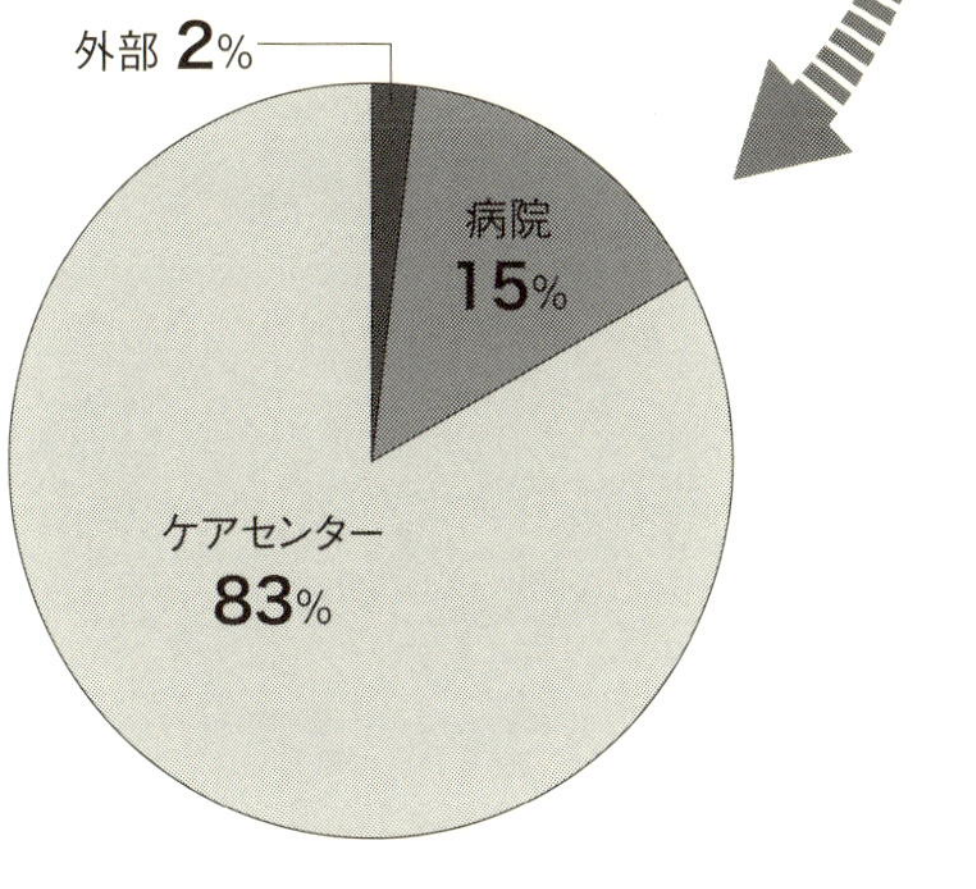

り、ケアセンター開設以来のケアセンターでの死亡率は85％に達している。

この数字を、どのように捉《とら》えたらよいだろう。ここで再度、129ページに戻って図11をご覧いただきたい。日本人の死亡場所について、過去12年間の推移をたどったグラフである。老人だけを対象に調査したものではないが、一つの目安にはなると思う。どの年も病院死が圧倒的に多く、12年間での最高値は2005年の82・4％である。つまり、光が丘パークヴィラでの施設内死亡率、すなわちケアセンターでの看取り率83％、85％という数字は、死亡者層を考慮しないで見れば、日本人の病院死を上回る、大変な数字であるとは言えないだろうか。

こんな小さな施設でも、医師、看護師、介護士が力を合わせれば、これだけ老人を看取ることができるのだ。老人対応は総合的でなければならないことを証明する事実にほかならない。私としては、今回このように施設内での看取り85％を達成したことは、「終の棲家」を標榜《ひょうぼう》する光が丘パークヴィラとして、誇れる実績であると考えている。

だが、その内情は厳しい。ケアセンターは、介護保険法が施行されて特定施設となったが、特定施設に対して支払われるのは介護報酬《ほうしゅう》のみで、診療報酬・看護報酬は支払われないのである。看取るためにはホスピス対応もしてきた。末期・終末医療も行なわれた。一部病院機能まで背負い込んで、人生を全うする医療・介護・看護に努めてきた。施設内看取り85%の達成は、そのうえでの実績である。よって、ある程度の終末期医療が行なえるような報酬設定や、看護体制が取れるような施策が望まれる。実現すれば、施設での看取りが今よりもしやすくなり、より多くの有料老人ホームが、施設で看取ろうという方向へ動き出すのではないかと考えるがいかがだろうか。

※看取りは信頼関係を築くことから

施設で看取る際には、入居者がお元気で意思能力がある時から、それとなく末期、終末期の対応について話し合い、了解しておくことが大切だ。施設内で85%の看取りが達成できたのも、そのようにしてきたからだ。何よりも、施設側と入居者・身元引受人、さらには施設の職員同士の間にも信頼関係を築くことが重要で、そうして初めて、ご安心いただくことができ、家族と本人からのお任せを取り付けることができる。光が丘パークヴィラは元来、健常者型の施設であり、家族や身元引受人についても熟知しているから、余計対応しやすくなっている。

しかしそのためには、休むことのない目配り、気配り、心配りが大切だ。このような心がけが信頼関係を生み、〝お任せ〟の気運《きうん》を生むのである。30年の間にはいろいろなことがあったが、一つ一つに真剣に対応してきた。これに尽きると思う。すべては、入居者、関係者のご理解あってのことだった。

❇「尊厳死宣言」本人の意思を文書でいただき保管する

当施設では、すでにご説明したように、ご家族や身元引受人のご負担を減らすために、急な入院・手術時の備えとして、施設の代表者が病院へ付き添い、処置の承諾を代行できるよう、事前に委任状をいただいている。

その際、超高齢者の方には特に必ず聞くことにしているのが、延命《えんめい》治療の是非《ぜひ》である。

昨今、病院では、重症者の対応をするにあたり、必ず確認されるからだ。そして、ご入居いただいて生活のペースが落ち着き、職員との会話にも慣れてきたタイミングで、いろいろご相談に乗りながら、「尊厳死宣言《そんげんしせんげん》（Living Will＝リビングウィル）」をお書きいただくことについても触れることにしている。本人の意思が確認できない状況での治療方針について、本人の希望をあらかじめ文書でいただいておくのである。

書き方や内容は人それぞれだが、一例を挙げれば次のようなものである。

尊厳死宣言（Living Will）

私は、私の病気が不治であり、かつ死が迫っている場合に備えて、私の家族、縁者ならびに私の医療にかかわっている方々に、次の要望を宣言いたします。

1. 私の病気が、現在の医学では不治の状態であり、既に死期が迫っていると診断された場合には、いたずらに死期を伸ばすための延命処置は一切お断りいたします。
2. ただしこの場合、私の苦痛を和らげる処置は最大限にしてください。そのために、例えば麻薬等の副作用で死ぬ時期が早まったとしても一向にかまいません。

以上、私の宣言による要望を忠実に果たしてくださった方々に深く感謝申し上げるとともに、その方々が私の要望に従ってくださった行為一切の責任は私自身にあることを付記いたします。

平成　　年　　月　　日

宣言者　　　　　　　　　　　　印

みなさんがよくお書きになられるのが、「苦痛をとるためのこと以外は、何もしないでください」という主旨のことである。手渡すほうは真剣である。それは重々承知している。しかし、患者の希望と医師の判断は別である。

例えば、皮膚《ひふ》の乾燥を防ぎ、最期までみずみずしくいてもらうためにも、最低限の補液《ほえき》（持続皮下注射）は確保しなければならない。だから私は、みなさんの〝何もしないで〟というのと、医師の〝何もしない〟というのとでは異なることをまず説明する。そして、「みなさまから何もしないでくれと言われても、医師として最低限のことはさせていただきます」と答え、適切な処置をとらせていただくことにしている。

第4章

終末対応とお見送り

老人医療の在り方

※「ご高齢ですから」と一概には言えない時代に

高齢者の場合、急性症状を訴えて病院へ行っても、診察はしてくれるが対症療法のみで、「様子を見てください」などと言われて帰されることが多々ある。手術など有効な治療法があったとしても、このお歳《とし》で体に負担をかけては、かえって寿命を縮めると言うのである。もっともである。その判断を否定するつもりはない。しかし、高齢だからといって、一概にそう決め付けるのはいかがなものかと思う。中には、また違った判断を要するケースもあるからだ。つい最近のことだが、こんな例があった。

入居者である98歳のご婦人が、夜半に激しい腹痛を訴えた。特にみぞおちのあたりが痛むとのことで、胃の痛みかと考え、その夜は様子を見ることにした。しかし、翌日もまた激痛を訴えたため、近くの救急病院を受診した。そうしたところ、腎《じん》機能が悪く、精密検査ができないと言う。ＣＴでは目立った変化はなく、高齢だからと帰された。何があってもおかしくないが、見つかっても治療ができないから同じだとの理由だ。

その後は施設で加療《かりょう》し、いったんは痛みも軽減して元気が出たが、また腹痛を起こした。老人専門病院なら検査もできるだろうと受診し、検査をしているうちに、腸閉塞《ちょうへいそく》の所見が出た。しかし外科では、98歳で手術はできないと言う。内科でもやはり、高齢だから、できることはイレウス管を入れる（腸管にチューブを入れ、溜まったガスを体外へ排出して苦痛を和らげる）くらいで、これで最期を見守るしかないと言う。

しかし、そのご婦人は元気で認知症もない。そこで、年齢の割には大変お元気だから、何とか手術ができないものだろうかと再度相談してみたところ、ようやく手術をしていただけることになったのである。そして手術は成功した。

術後も順調に回復し、今もお元気に本館で暮らし、外出もされている。このぶんだと、どうやら１００歳を迎えられそうだ。その時には盛大にお祝いをしてあげようと、今からみんなで意気込んでいる。超高齢者を診る際には、暦《こよみ》の年齢ではなく、健康年齢を考慮したうえで判断されるべきではないかと考えさせられた例だった。

いかがだろうか。こんな健康年齢の若い１００歳老人の予備軍が、光が丘パークヴィラにはまだまだいらっしゃるのである。

✻健康年齢を考慮すべき、もう一つの状況

健康年齢を考慮して判断する重要性は、逆のケースでも痛感することとなった。その方は、１０１歳で認知症があり、体も弱っていたところに、鼠径《そけい》ヘルニアで腸が嵌頓《かんとん》（詰まって動きが停止）した。医師として放置しておくわけにはいかない、危機的な状態である。すぐに病院へ運び、手術をしていただいた。手術そのものは成功した。だが、術後に食欲が出ない。退院して環境が変わると、一時、いくぶん食欲が出たが、再び食欲がなくなり、認知症も悪化。現在、末期を迎えている。

病状的には危機を脱したものの、回復は思うようにいかず、考えさせられる例である。医師は患者が危機的な病状であればあるほど、年齢、状態は考慮せず、できる治療があれば、その治療を施《ほどこ》すことを優先する。医師としては当たり前のことだろう。しかし、超高齢者の場合はどうだろうか。先のように、手術をして良かったと思える例もあれば、このような例もある。

アラハン世代といわず、男性は81歳、女性は87歳、おおよそこの平均寿命を超えたら、医療対応はよく考えて行なわれるべきだと私は考える。いくら重篤《じゅうとく》な状態であっても、過

剰な医療は苦しみを増すだけだ。こうした判断は、本章の冒頭に記した場面のように、それほど緊急を要さない状況の中でなら、普通に働かせられる。むしろ、そうした判断をするほうが当然だろう。だが、生きるか死ぬかという差し迫った場面で立ち止まって判断するのは難しく、勇気のいることだ。しかしそれでも、医師として何を優先させるかは、ケースバイケースで考えていかねばならず、やはりその患者の健康年齢、状態に鑑みたうえで、最良の方針を見極めなければならないのだと思う。

❇ 超高齢者の癌は長生きの税金

高齢者の癌も増えている。これは長寿化したことと、感染症で亡くなる人が減少したことによるものではないだろうか。癌はもともと、遺伝子変化の蓄積により発生するものである。だから、長く生きていれば、それだけ癌細胞も増えるというものだ。昔は癌になるまで長生きできなかった。癌は長生きの税金だと言う人もいる。

癌でも高齢者は、安らかな最期を迎える人が多い。〝さしたる苦しみもなく、天寿を全うしたように人を死に導く癌〟――これを「天寿癌」だとして提唱したのは、がん研究会がん研究所の前所長、北川知行先生である。

師曰《いわ》く、超高齢者の臨床症状より観察されたものだが、天寿癌は診断できるものではないと。しかし確かにそのような癌があるので、医師はそのような概念も頭に入れておくべきであると。

診断できないので、さしたる統計はないが、およそ超高齢者の癌の20〜30%がそうだという。実際私もケアセンターで、そのような経過を取る癌をしばしば見てきた。癌であることを忘れて天寿を全うする人がいるのだ。癌であっても進行が緩やかなところに、認知症や食欲減退による体力の低下が伴い、老衰《ろうすい》のように静かに息を引き取る。しかし、そうした典型的な天寿癌ばかりではなく、準天寿癌というか、似たような経過を取る人もいる。

ある癌患者が、腸閉塞を起こしたので手術をしたところ、盲腸《もうちょう》の癌が腹部に広がっていた。肝《かん》転移もあったから、癌は取らずに狭窄《きょうさく》部を切除《せつじょ》しただけで手術は終わった。本人は、化学療法を拒否して退院して帰る。その後の経過が心配されたが、腸閉塞などの腹部症状も見られず、少量の麻薬を使ったのみで、苦しみもなく最期を迎えたのだった。平均寿命を過ぎた高齢者の癌だった。

超高齢者の癌は、何もしないほうが良いという医師がいる。早計《そうけい》とは思うが、このようなケースに出合うと、確かに一理あるようだ。何も治療しない高齢者癌が安らかに亡くなるのを見ていると、そんな結論にしたくなる。

しかし、「何もしない、医者に診てもらうな」は間違いだ。超高齢者といっても、健康年齢はさまざまで、90歳でも海外旅行に行くような元気な人もいる。癌の種類によっては、早期発見、早期治療で助かっている人もたくさんいる。そして何より、天寿癌ではなく、苦しみを伴う患者を放ってはおかれない。だが、そうかといって、「なんでも治療」では困るのだ。ここが老人医療の難しいところだ。

※天寿を全うする医療とは

一つ言える確かなことは、若年者への対応と同じではダメだということだ。70代と90代とでは、同じ癌でも病態が違うし、治療のめざすところも違うはずだ。超高齢者の医療には、別の尺度があると考えている。では、その尺度とはなんであるのか。それは、言わずもがな、天寿を全うできるか否かである。

人間にはそれぞれ寿命がある。それなら、その寿命が尽きる時まで、安らかに生きられるような医療も考えようではないか、と、そんなことを常に思いながら、光が丘パークヴィラを開設して以来、私はたくさんの高齢者の看取りをしてきた。

先ほどの尊厳死宣言にもあったように、ご本人たちは、この期《ご》に及んで、無理に生きながらえるための延命治療はしてほしくないと言う。ただし、苦痛は感じたくないと。みなそれぞれ、いつかは自分に訪れる寿命を安らかに終える形で、受け入れようというのである。それならば、その希望を尊重した医療を行なおうではないか。そうして向き合う中で、みな安らかに天寿を全うされている。

平均寿命を過ぎた高齢者の癌は、70代の癌と比べると、麻薬を使う量が少なく、ほとんど使わない例も多い。痛みを感じる閾値《いきち》も低下するからだろう。だがこうした麻酔の量一つとっても、患者の状態によりケースバイケースで、一概には決められない。判断の基準となるのは、やはり健康年齢だろう。それをしっかりと見極めたうえで、医師として、この方は、もう十分に生きて寿命が近づいたと判断したなら、よい死に方をさせてあげるというのが、天寿を全うさせる医療ではないだろうか。〝天寿癌〟というものもあるのだ。癌の数値を下げることを目的とした抗癌剤治療が、必ずしも高齢者にとって幸せであるとは限らないのである。

医療の進歩が寿命を延ばした。寿命が延びたのは喜ばしいことである。しかし、そうして生かし、生かされることばかりを考えるので良いのだろうか。人間性や意思能力が失われれば、本人にとっては長く生きる意味がない。人間一度は死ぬのである。平均寿命を過ぎたら、どう生きるかではなく、どう死ぬか、不謹慎《ふきんしん》だがそんなことも考えなければならないだろう。

死について考える

※若年死と長寿死

吉村昭さんの死（小説家　享年79歳）

２００６年７月に膵臓《すいぞう》癌で亡くなった。新聞でも報道されたが、延命治療を拒《こば》んで在宅療養中に自宅で点滴管をはずし、中心静脈栄養のカテーテルも首から抜いて、看病していた長女に「死ぬよ」と告げたという。家族は見届けたと。

舌《ぜつ》癌の手術もしており、膵臓癌とで在宅療養に至る経過は大変なものだったと思う。その経過を理解したうえで、最後の決断をされたのだ。「延命治療は望まない、自分の死後は3日間服《ふく》し、遺体はすぐ骨にするように。葬式は私と長男、長女一家のみの家族葬で、親戚にも死に顔は見せぬように」と、妻で作家の津村節子さんは、細かく指示した遺書の内容を明らかにしている。

自宅ではなく病室だったら、看護管理が問われる事件になっただろう。これは賢明《けんめい》な自然死で自殺ではないと思いたい。比較的若い人の死だ。

江藤淳さんの死（文芸評論家　享年66歳）

江藤さんのお母様は、光が丘パークヴィラに入居されていた。そんなことから、江藤淳さんとは親交があった。

お母様が子宮癌《しきゅうがん》になり、手術はされたくないというので放射線治療をすることになったのだが、内部照射が必要だと病院の医師から言われ、私は、そのような非人間的なことはできないと拒否した。そして、ご子息の江藤さんと、当時イタリアに住まわれていた娘さんと相談した結果、治療はせず、お母様のご希望通り静かに見守ろうということになった。それからお母様は、桜の木が目の前にある自室で約1年、ご友人も呼びよせ、楽しく生活してからケアセンターに移り、1か月ほどしてお亡くなりになられた。苦痛はなかった。

亡くなられる1週間ほど前に、私は、お母様の死期が近づいたことを淳さんと娘さんに電話で知らせた。お2人はそれまでも時々お見舞いに見えられていて、娘さんはイタリアからだったが、家庭があるので長期滞在はできないと、いつも1週間ほどで帰られていた。1週間前に知らせたのは、そんなタイミングも見計らってのことだった。そして娘さんが日本に帰国し、ちょうど1週間付き添ってからお母様は亡くなられた。その死期の予告がぴたりと的中《てきちゅう》したので名医と言われた。高齢者の死期の予測は、そんなに的中するものではないが、なぜかこの時は的中した。

お母様が亡くなられる前、淳さんは時々ご夫婦でも見えられていた。時折奥様をかばうその様子から、私は奥様が肺《はい》癌だとわかっていたが、告知はしていなかった。お母様の死後は、奥様の看病に徹《てっ》し、亡くなられる直前にはホテルに泊まって病室まで通い、最期を看取ったようだ。この頃の状況について、淳さんは自ら著書に記しているが、かなり大変だったことがうかがえる。その後は本人も排尿《はいにょう》障害で苦労し、脳梗塞を併発し、自ら命を絶ったのだった。

「心身の不自由は進み、病苦は堪《た》え難し。去る6月10日、脳梗塞の発作に遭《あ》いし以来の江頭淳は形骸《けいがい》にすぎず。自ら処決《しょけつ》して形骸を断ずる所以《ゆえん》なり。乞《こ》う、諸君よ、これを諒《りょう》とせられよ。　江頭淳　平成11年7月21日」

生前にお電話をした際、淳さんが執筆に集中していると、必ず奥様が出て、淳さんを電話口には出さなかった。自ら要件を取り次ぎ、大変神経を使われていたようだった。

今思えば、その頃からすでに、お母様のお見舞いにご夫婦で見えられると、淳さんは奥様のことを過度にいたわっていた。ご自宅では、執筆中に限ったことだったのだろうが、そのように奥様に気を遣わせていたのも、奥様が肺癌であることを承知のうえでの行動だったのだろう。ご本人は一言も話さなかったので推測の域を出ないが、おそらく、奥様にも病気のことは告知しておらず、そうして仕事に邁進《まいしん》することで、自己の存在理由を見出していたのではないか。もともと武士道の精神が強い方ではあった。

しかし、そんな淳さんも、母親と妻を喪失《そうしつ》し、ご自分も病《やまい》に苦しみ、脳梗塞により、あの明晰《めいせき》な頭脳も喪失してしまった。もはや抜け殻《がら》だと、自分は生きる価値がないと、老いを生き抜くことを拒み、浴槽で血管を切り自死した。武士道の精神があってこその最期だったとは思うが、66歳での死は早すぎる。

松田道雄さんの死（医師・育児評論家　享年89歳）

『育児の百科』（岩波書店）で有名な松田先生は、90歳を前に逝去された。『安楽に死にたい』（岩波書店）という本を著《あらわ》してこの世を去った。

「高齢者の良識からすれば、もうCureはたくさん、Careだけにしてほしいということだが、医者には理解しにくい話だ。生物的生命を一分でも一秒でも伸ばすのが医学の使命だと思っているからだろう。医者は死に近い人間をTerminal IIIという。IIIがある限り医者は治療をするのは当然だと思っている。高齢者にとっては、IIIがあってもTerminal Lifeを生きたい」

死に近くなるほど、ものの考え方が医者から遠ざかってゆくと書いている。

吉村昭さんは70代、江藤淳さんは60代で、どちらも、まだ若くして病気を患い、将来に絶望し、自分の存在を否定して死を迎えている。まだまだ燃える情熱が断たれた、悔《く》やまれる死だ。一方、最後の松田道雄さんは90歳目前、平均寿命を過ぎた高齢者の死だ。生を求めない心境で、老いを生き、安らかな死を願っている。

光が丘パークヴィラにも比較的若い方はいらっしゃるが、すでにご紹介したように平均年齢は86歳である。超高齢者施設なので、安らかな死を願っての自然な死が多い。その点は幸せだ。それでも、70代でお亡くなりになられる方もいる。殊に癌で亡くなられると、超高齢者のそれとは違い、診られるほうも診るほうも、ともに苦しむことになる。医師の宿命だが、そうした際の看取りは大変だった。それでも麻薬を使い、静かに最期を迎えている。麻薬で痛みが取れると、自分の病気を忘れ、「姪が先に死んだら困るから、遺言を書きかえようか」とさえ話す方もいた。

若年死と長寿死とでは、その考え方、質、病態が異なる。病気対応でも死生観でも、心してその違いを十分に見据え、それぞれの死に対応しなければならないと思う。そして、健康年齢についても触れたが、同じ年代、年齢であっても、これを見極めて判断しないと間違いが起こる。医師の見立てに依《よ》るところが大きいが、超高齢化の波は止まらず、健康寿命も延びていることから、今後ますます、健康年齢で判断しなければならないケースが増えていくのではないだろうか。近いうちに、治療も検査値の評価も、暦の年齢では決められない時代がくるのではないかと思う今日この頃だ。

※100歳を超えた老人を看取って

100歳以上で死亡した方の末期、死亡状況を総括してみた。これまでに11人を看取った。種々の基礎疾患はあったが、最後はその原病の力は衰《おとろ》え、老衰の形で亡くなっている。どれも自然な安らかな死だった。

膵臓癌の1例をのぞいては、誤嚥性肺炎が多かったが、それが直接死因とはならなかった。膵臓癌だった方も、その症状はなく天寿癌といえるものであった。みな、元来お元気で致死的な病気は持っていなかったから、100歳を超えて生きられたのだと思う。

ご家族や周囲の方々に涙はなかった。その魂を天に送ったと、晴れ晴れした顔をしている。ご本人も安らかな表情で眠る。ご苦労様でしたと声をかけずにはいられない、後に想いが残らない逝き方、これが、天寿を全うした死というものなのであろう。若い人の死は、いつも想いが残り涙を誘ったが、こんな晴れやかな死もあるのだ。

看取りをしていると、死の直前に、正気に返る一瞬がある。お礼を言われ、戸惑うことがある。死への流れの中で起こるから、びくっとする。神のいたずらなのだろうか。そんな言葉の後には、昏々《こんこん》と眠る。やはり人間には魂があるのだろう。正気に返る一瞬は、その魂が昇天する合図であるのに違いない。

100歳を超えた方々の死を看取りながら、医師として、こんなに満足のいく看取りはないと思う。ご家族からも感謝され、明るくお見送りができるからだ。斎場でも棺《ひつぎ》に花を入れながら、ご苦労様でしたとみんな笑顔になる。

＊死に直面したら、悠々と死ねるか

私も後期高齢者。十分に生きたから、こんなことを考えている。

平均寿命を生きた私のつぶやき――。

認知症になったら、自分では判断できない。

老衰になったら、自然に任せよう。

感染症は、治療してもらおう。

癌になったら、

早期癌なら、年齢に関係なく積極的に治療しよう。

進行癌で転移があったら、諦《あきら》めよう。
抗癌剤《こうがんざい》はお断りしよう。

平均寿命を過ぎたのだから、長生きに感謝し、静かに眠ろう。
口から食べられなくなったら、終わりと考えよう。
胃瘻《いろう》はつくらない。

悠々《ゆうゆう》と死ねるか。
長生きしたから、悠々と死にたいものだ。

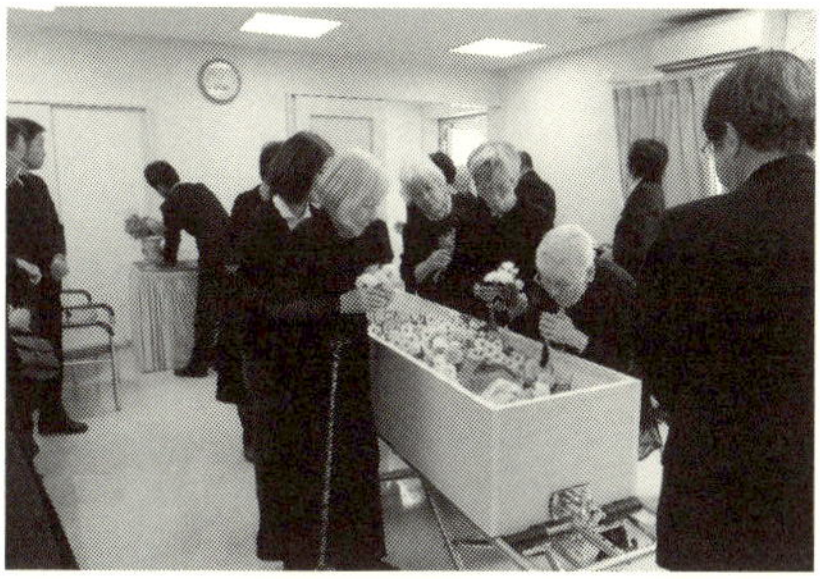

人生を全うした「安らかな死」のお見送り

※私の人生観

村上和雄著『生命の暗号』を読んで――「サムシング・グレート」

私たちは山を見、川を見、星を見て、その壮大さ、荘厳《そうごん》さ、厳粛《げんしゅく》、深淵《しんえん》さを感じる。厳粛な気持ちになり、その形に圧倒される、故郷の郷愁《きょうしゅう》にかられる山（赤城山《あかぎさん》）、永遠の流れ（利根川《とねがわ》）、際限《さいげん》ない宇宙空間、少年時代この偉大な力に圧倒されてきた。神秘なものを感ずるのは皆同じだろう。人間はその神秘性に神が存在するのではないかと、やがて宗教が起こり、たくさんの神をつくった。その神が、人間のエゴから戦争を起こし、科学技術の進歩から武器をつくり、人間や自然を壊している。

私の前著『終の棲家を求めて』を読んで、高校時代の友人から、私の本はサムシング・グレートに満ちていると手紙をいただいた。彼は牧師の家に生まれ、先端企業の副社長をした方で、科学技術文明と精神文明の融合に心を砕《くだ》いていたのだろう。サムシング・グレートは筑波大学の名誉教授、村上和雄先生の著書『生命の暗号』に出てくる言葉だ。村上教授は高血圧の黒幕《くろまく》、レニンの遺伝子を世界に先駆け解読したノーベル賞級の学者だ。やはり宗教（天理教）の家に生まれ、科学者になった。この2人の共通点を見つけ、親近感を覚えた。私もこの本を読んで共鳴していたからだ。少し解説してみよう。

人間は1個の受精卵が細胞分裂を繰り返し、1個が2個に、2個が4個、4個が8個と分裂し、60kgの人間は60兆個の細胞からなっているという。細胞には核があり、その中には遺伝子（DNA）がある。DNAはらせん状の2本のテープになっていて、そのテープの上に4つの科学の文字であらわされる情報が書かれている。この情報が遺伝子情報で、そこには、生命に関するすべての情報が入っていると。ヒトの細胞の核に含まれる遺伝子の基本情報量は30億の科学の文字で書かれていると。細胞の一つ一つは皆同じなのに、それが手になり、足になり、心臓になる。誰がこんな遺伝子をコントロールしているのだろう。

先端をゆく学者が、どんなに研究しても、人間の生命の不思議さは解明できないと、これは人間にはわからない偉大な力が働いているのだろう。これだけ精巧《せいこう》な生命の設計図を、いったい誰がどのようにして描《えが》いたのか。人間を超えた存在を想定しないわけにはいかない。この存在を、サムシング・グレート、「偉大なる何者か」と呼んだ。「この遺伝子暗号を指揮する力は、大自然の偉大な力ともいえる。大元に不思議な力が働いていて、人間は生かされていると思う。人間は一番単純な1個の生命体である大腸菌《だいちょうきん》一つも作れない」この偉大な力は神ではない。それよりもっと大きな、大自然の見えざる力だという。人間は生きているのではなく、この精巧な遺伝子を指揮する力により生かされているのだと。

運命を切り開く可能性

さて、それでは私たち人間は、この偉大なる力によって、完全に運命を封《ふう》じ込まれてしまっているのだろうか。いや、そうとも限らないようだ。

活動している遺伝子は5〜10%程度で、ほかは眠っているという。この眠っている遺伝子を活性化できれば、無限の才能が花開くかもしれないと、村上先生は救いの言葉を述べているのだ。そして、そのコントロールは人間にはできないが、何か見えない糸でコントロールされていると思うと。

さらに心と魂は別物で、心は意識できる精神で、魂は無意識の精神だという。心は体とつながっていて、死ねば体と一緒に滅《ほろ》びるが、魂はサムシング・グレートと通じていて、人間の無意識の思いで、眠っている遺伝子をオンにしたりオフにしたりすることができるのだという。

村上先生は、サムシング・グレートが働くには、3つの条件があるという。
①こういうことをやりたいとはっきりした目標があること。
②その目的に向かって、ひたすら努力を続けていること。
③努力を続けていても、何らかの障害に阻《はば》まれ、ゆき詰まっていること。
「レニンの遺伝子」の解明に努めていた時、村上先生は、まさにこうした状況であったに違いない。それで、サムシング・グレートに働きかけ、眠っていた遺伝子をオンにすることができた。この論の信憑《しんぴょう》性を高めたのは、村上先生ご自身であったといえよう。

サムシング・グレートは絶対の力だから、人間はその力に背《そむ》かないよう、誠心誠意生きて、静かにその審判を待つしかないと考えた。

しかし私の人生でも、予期しないことが数回起こった。祈っても願ってもかなえられないことだから。不思議な糸で、見えない糸で手繰《たぐ》り寄せられたとしか考えられない。これはサムシング・グレートとは別なもの、サムシング・グレートは即物的世界、科学の世界、それとは別に精神の世界、魂の世界、不思議な糸があるのではないかと思う。

祈りも願いも敵わない偉大な力を前に

無意識の思いでの成功、願っても祈っても叶えられないこと、思わぬ良い結果に恵まれたのである。ただし、私のその成功は、人の支援によってもたらされたもので、自分の新たな才能を開花させたわけではない。だからサムシング・グレートとは別の何者かが働いたのだろう。

人の心は別々で、他人の心はコントロールできないけれど、これも誠心誠意努力すれば、不思議な糸でつながることがあるのではないか。お互いに無意識に引き寄せ合ったのだから、心ではなく、やはり魂の世界かもしれない。

人間の一生を規定している遺伝子の世界、しかしそれだけではないと思う魂の世界。村上先生は、魂はサムシング・グレートに通じていて、サムシング・グレートは遺伝子を目覚めさせると言う。つまり、科学の世界と精神の世界は、どこかで結ばれているということなのだろう。

そのどこかというのは、私は宇宙だろうと思う。その宇宙を私は神としているから、その偉大なる力、サムシング・グレートという絶対の力には、祈っても願っても無駄である。ただ、ひたすら誠実に生きて、審判を待つしかない。どんな答えが出ようとも、受け入れるしか仕方がない。誠心誠意の努力をして働きかけ、それで出た答えに静かに従うのみだ。そう考えれば心が落ち着くし、何かわかったような気がするから不思議だ。

天空を仰《あお》ぎ、静かに瞑想《めいそう》する。信心深い妻と、無信心の私は、神に願いをかけるのではなく、日々元気に生きられることを感謝しようと、その点は一致している。神棚《かみだな》に手を合わせ、今日も一日元気をいただきありがとうと、また両親の仏壇《ぶつだん》の前でも、同様に感謝して手を合わせる。

私の神は宇宙だけだが、妻の神様は何人もいるようだ。よろしくお導きくださいと、願い事はすまいと、崇《あが》める対象は別でも、働きかけ方は共通だから、これで良しとし、円満に暮らしている。お互いに信頼できて、感謝し合えれば、それですべて良しとしよう。

神とは偶像《ぐうぞう》ではなく、淡《あわ》い光だ。光はすべての生き物に無限のエネルギーを送っている。その光に感謝だ。

※身元引受人への手紙

さて、ここに掲載したのは、前年百寿を迎え、101歳でお亡くなりになられた方の身元引受人に宛てた手紙である。

そのご老人はずっとお元気だったが、100歳を超えてからは、発熱を繰り返すようになった。誤嚥性肺炎によるもので、誤嚥は食事ではなく、夜間に唾を飲み込むことが原因で起こった。唾を誤嚥しては嘔吐《おうと》して発熱する。それでも最初のうちは食欲があり、加療しながら乗り切っていた。しかしいよいよ食欲がなくなり、補液のみで過ごすようになって2か月が過ぎ、いよいよ末期が近づいたと診た私は、身元引受人であるご子息に、この手紙を書いたのだった。従前《じゅうぜん》からお送りしていた病状報告とは違い、心の準備をしていただくためのものである。

○○様へ

お母様の病状ですが、時々誤嚥、発熱を繰り返し、治療により改善しておりましたが、ここ2か月はほとんど食欲がなく、補液でしのいでおります。大変お元気な人で、これまでは食欲もありましたので、このように健康が保持できたと思います。しかし食べられなくなると次第に衰弱いたします。老衰の状態になりました。いよいよ1週間くらいと思いますのでご連絡いたします。苦しみはなく、安らかに最期を迎えると思います。私どもは安らかな看取りができたらと考えておりますのでお任せください。
夜半の場合は翌朝にお知らせいたします。
季節の変わり目にあたり、ご自愛ください。

担当医師

末期には点滴をせず、持続皮下注射で補液する。腹部に針は刺すが、痛みを感じることはない。したがって本人は自覚することなく、体を自由に動かせるし、入浴することもできる。このような処置は、本人にとっても大変楽だし、看護師の負担も軽減できる。

食事が摂《と》れなくなって補液に切り替え、2か月が過ぎたら余命1週間程度というのは、経験則《そく》によるものだ。このタイミングで、看取りはこのような方法で行ないます、ほとんど苦しむことはありません、穏《おだ》やかな最期を迎えられそうですからご安心くださいとお伝えする。そして、ご逝去された時のご連絡は、夜半ならば翌朝するとお断りしたうえで、「お任せします」とのお返事をいただいて看取ることになる。

死後の処置についても、事前に確認を行なう。ご本人から要望を承《うけたまわ》っていれば、その内容をお知らせし、承っていなければ、施設内の斎場について次のようにご案内することにしている。

「ここで亡くなられた方のほとんどが、ご葬儀は施設内の斎場を利用されています。すべて施設で準備いたしますので、ご家族の負担はありません。

斎場では家族が少なくても、職員みんなで送ります。形式は自由です」

光が丘パークヴィラでの葬儀と埋葬

✻30年で葬儀はどのように変わったか

斎場ははじめ、健常者の居住棟である本館の半地下に用意したが、そこに黒い喪服《もふく》を着た人が集まると、その日は本館内が暗い雰囲気に包まれる。これではいけないと、敷地内

図14　施設開設以来の葬儀形式（1985〜2016年）

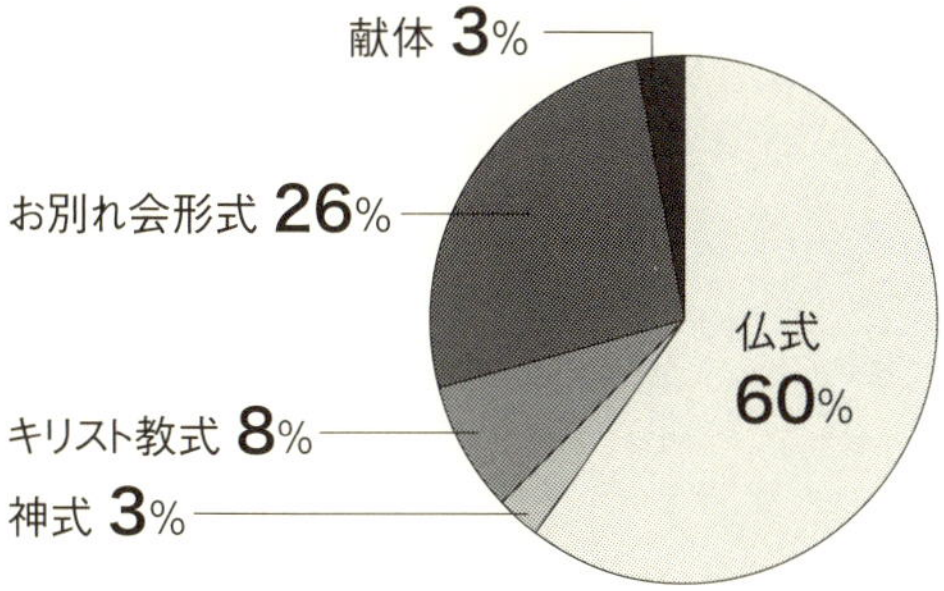

の別の建物の中に、斎場としても使える小集会室をつくった。これならば本館から離れているので、入居者を巻き込むことがない。入居者も気軽にお参りができる。

斎場では、宗教・宗派、形式を問わないため、多彩な葬儀が行なわれている。仏教、神道、キリスト教、そして無宗教のお別れ会。興味深いのは、その内訳の割合が変化してきていることだ。近年、光が丘パークヴィラで亡くなられた方のほぼ１００％が、ここで葬儀を行なっている。ほんの１施設のデータではあるが、社会的なトレンドと人々の考え方がどのように変化したのか、その一端《いったん》をうかがえるのではないだろうか。

まずは総合的に見てみよう。上のグラフ（図14）は、光が丘パークヴィラを開設してから２０１６年に至るまでの葬儀形式の割合を示したものだ。仏式が圧倒的に多く、60％を占めている。次に多いのがお別れ会で、その割合は26％となっている。実はこのお別れ会が、このところ顕著に増えてきているのである。

171ページのグラフは、図14のデータを、10年ごとに区切って集計し直したものだ。これを見ると、最初の10年間でお別れ会は10％しか行なわれていなかった。それが次の10年間では多少増えて12％になり、直近10年間では41％と急増しているのがわかる。お別れ会は、近しい親戚や家族で送る、こじんまりした葬儀であることが多い。これは、長寿化したことで、葬儀に出られる友人も少なくなったためだろうか。

あるいは、同じく直近10年では、このように無宗教の形式が急増する一方で、仏式が50％と半数にまで減っているから、お寺離れも進んだのかもしれない。若い人に限らず、年配の人からも、お寺とのしがらみ、しきたりが面倒だという声が聞かれるような時代である。一説によれば、今日本には住職のいないお寺が16％あるとも言われている。

こうした、宗教性も省いた簡素な形で送ることが増えているのは、光が丘パークヴィラに限ったことではないようだ。外部に話を聞いてみても、直葬《ちょくそう》が増えているという。直葬というのは、葬儀を行なわずに直接荼毘《だび》に付す方法だ。ちなみに東京都では、およそ3件に1件の割合で、この直葬が行なわれているそうだ。お寺やお墓に対する考え方とともに、今後の変化が注目される。

図15　光が丘パークヴィラにおける葬儀形式の変遷

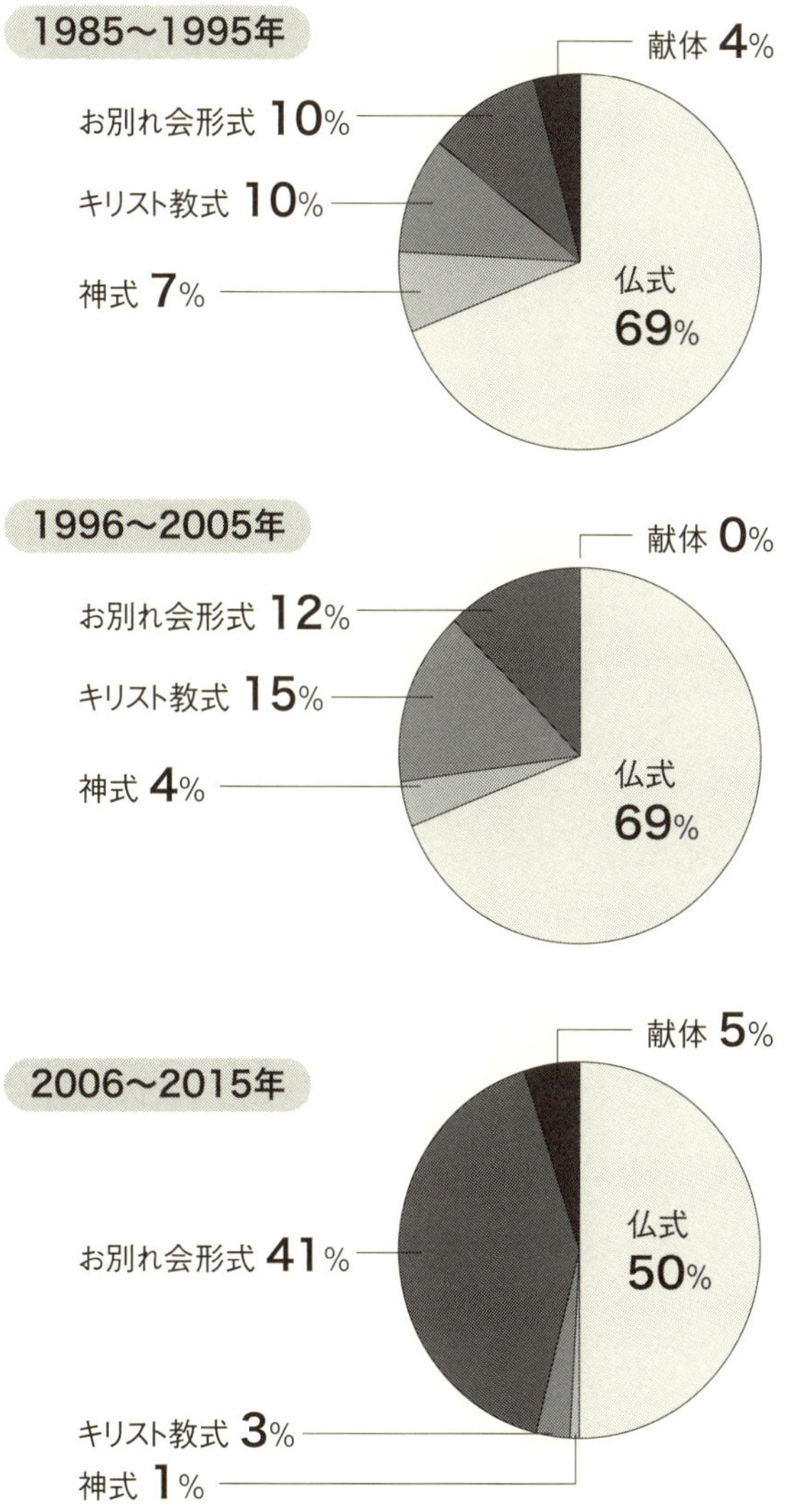

❇ お寺の檀家制度の問題点

葬儀形式と同じ変化の流れが、お墓の求め方にも見られる。菩提寺を持たない人が新たにお墓をつくる際に、お寺ではなく霊園を選ぶようになった。宗教的にも規則的にも寛容《かんよう》で、明朗会計であることが理由として挙げられるだろう。

日本のお寺のお墓は通常、世襲《せしゅう》制になっており、長男と、結婚していない子供しか親のお墓には入れない。だから同じ一族でも、お墓をどんどんつくらなければならず、鼠算《ねずみざん》式に増えていく。お金もかかるし、これが一番の問題ではないか。また、葬儀も規定され、戒名ももらわなければならない。戒名にも段階があり、お金次第で院号《いんごう》が付く。その人の功績とは関係ない。これもお寺離れの原因ではないか。

その後の供養も種々規定されている。お盆になると請求書ばかりが届く。そして、支払いといえば、よくわからないのがお布施の額である。「お気持ちを」と言うだけで、なかなか相場も教えてくれない。

イオンが8宗派約600寺と提携し、お坊さん紹介サービス付きで「イオンの葬式」をスタートさせた。そして、料金を明確化する姿勢を示したところ、日本仏教協会から料金表示の削除が求められた。「本来、布施は慈《いつく》しみの心に基づいて行なわれる極めて宗教的な行為で……布施の額については、布施する人が決めるべきもの」とのこと。それはそうかもしれないが、これでは若い人は、お寺と付き合うのに疲れる。宗教心も希薄になり、「もう少し自由度のあるお墓を」と、霊園に向かうのも仕方ないだろう。料金の明確化は、時代の流れではないか。

お寺を離れるのは、これからお墓をつくろうという人だけではない。お寺にお墓があるのに、わざわざ霊園に引っ越す人もいる。光が丘パークヴィラは、森林公園近くの霊園に、入居者ならば誰でも宗教・宗派を問わずに入れる共同墓地をつくった。それを入居してから知り、お寺につくってあったご主人のお墓をやめて、この共同墓地に移したという方が実際におられた。なぜ移したかといえば、子供がいなかったからだ。

子供がいないと、せっかくお金をかけてお墓をつくっても、守る人がいないから、いずれは共同墓地に移されることになる。少子高齢化も、問題に拍車《はくしゃ》をかけているのだ。あるいは、子供がいても、お寺のお墓は死んでから費用の請求が始まるので、後継者につけを残し、払えなくなれば、これも共同墓地に移される。ちなみに、無縁処理については墓埋法（墓地、埋葬等に関する法律）に規定があり、改正規則では1年間墓地内に立札《たてふだ》を立てて周知すればよいことになったという。

別の理由もある。例えば、東京に働きに出てきて結婚もして、年月が長くなると、東京が故郷になり、家族も増える。田舎《いなか》のお墓に帰る気持ちは少なくなる。むしろ親のお墓を引き上げ、1つのお墓で済むよう霊園に求め直す人もいる。時代の流れが変わっているのだ。

檀家制度は江戸時代につくられた。以来、お寺は檀家から一定の収入を確保できるようになった。そのため布教、教育活動をする必要はなくなった。こうして仏教の布教には努力せず、葬式仏教になってしまったことも仏教衰退の原因ではないか。葬式しか接点のないお寺では困るのだ。諸々、思い当たる檀家制度の問題点について触れたが、葬儀や墓地に対する人々の考え方が時代とともに変わりゆく中、今のこの制度が改善されなければ、自然と淘汰《とうた》されることになるだろう。

✻ 埋葬のルール

ところで、埋葬する場所は、なにもお墓とは限らないのである。まずは法律をチェックすると、墓埋法では、遺体は次のように処理すると定められている。

①土葬　死体を土中に埋めること。
②火葬　遺体を焼却すること。
③埋蔵　火葬した焼骨《しょうこつ》を墓に埋めること。
④収蔵　納骨堂に収めること。
⑤改葬　①～④を他の墓地や納骨堂に移すこと。

これらの処置は、事前に区市町村長の許可を受けなければならないことになっている。遺体の処理ということでは、①か②、つまり土葬か火葬ということになるが、いずれの処置もせずに遺体を放置したら、刑法により死体遺棄罪で処罰される。逆にどちらかを行なえば問題はないのである。

今は火葬が主流で、土葬はほとんどなくなったが、例えば火葬後の焼骨は、自宅に何十年置こうと、何の咎めもない。入居者を見ていても、その後の扱い方はさまざまだ。親のお墓に入れる方、いつまでも居室に置いておく方（乳児の遺骨を持っている方もいた）、お寺に永代供養のお墓をつくって入れる方、霊園にお墓をつくって入れる方、海に流して散骨する方、樹林葬をする方、光が丘パークヴィラの共同墓地に入れる方……。

海に散骨をされた方は、昔、南極探検隊として活躍した方で、いつかは南極に通ずると。しかし、その当時は海への散骨は制限があり、駿河湾《するが》の一部に決められていたようだ。今はもっと広がっているようだが、さてさて、もう南極には届いたろうか。

僧侶である松島如戒氏は、岩波アクティブ新書から出されたご自身の著書の中で、「火葬をもって葬は終わる」と述べている。この先生は僧侶でありながら、お寺は21世紀の前半に、その多くは消えるだろう、終局的には永代供養の集合墓になるだろうとも書いている。私も、高齢者の葬儀、納骨を見ながら、そんな流れを感じている。どのような形が良いかは自由だが、宗教・宗派が問題なのではなく、納骨をするという行為そのものが、主題になるのではないかと思っている。いずれ戒名なども不要になるだろう。

❋看取りから葬儀を行なうまで

葬儀をするにしても、埋葬するにしても、考えねばならないことがたくさんある。人一人が死ぬというのは、それだけ重いことなのだ。しかし、安らかな大往生《だいおうじょう》を看取ったのも束の間、喪主《もしゅ》を経験した方ならおわかりだろうが、しみじみと思いに浸る間もなく、次から次へと葬儀と埋葬に向けて瞬発力が要求される。まずは、霊安室への移動から始まる。

病院で亡くなった場合、その瞬間から病院との関係はなくなる。病院が手配した葬儀社が引き継ぎ、その業者が病床から霊安室へ遺体を移動する。遺体はその後、しばらく安置されてからの搬送となるが、生前から契約をしていたなど、すでに葬儀を行なう業者が決まっている場合は、搬送からその葬儀社にバトンタッチされる。

なお、ここで押さえておいていただきたいのは、病院が手配した葬儀社は、搬送までを依頼されているということだ。葬儀は別であるから、話が出された場合は、複数見積もりをとって検討するのがいいだろう。病院では葬儀社を入札《にゅうさつ》制にし、病院内の移動は一律金額、霊安室からは業者の入札金額とし、癒着《ゆちゃく》を避けて、輪番《りんばん》制にしているとか。

遺体の搬送には、白ナンバーの車は使えず（貨物自動車運送事業法による）、認可を受けた霊柩車《れいきゅうしゃ》を使うことになる。ここで問題になるのが、病院から自宅に帰れない例が増加していることだ。マンションなどでは他に迷惑がかかる。エレベーターを使うのも遠慮がある。施設でも迷惑をかけるからと帰れない場合がある。そこで、大手の搬送業者が死者のホテルをつくったところ需要が多いという。笑えない話なのだ。

その点、光が丘パークヴィラは、居室には帰れないが、葬儀を待つための霊安室を用意してある。いつでも帰れるから問題はない。

翻って、当施設のケアセンターで亡くなった場合、そのまま看護師や介護士が清拭《せいしき》、死化粧をして斎場に送る。斎場では葬儀社が納棺して、式場をつくる。葬儀場所は自由だが、施設内の斎場を希望されるケースがほとんどだ。

式場は花を中心に飾られ、施設から「光が丘パークヴィラ一同」として生花を出し、入居者の心付《こころづ》けは一切いただかないことにしている。葬儀も指定業者があるから廉価《れんか》にできる。葬儀社の選択も自由である。しかし他社だと代金は高くなる。指定業者に頼めば葬儀メニューもできているから、費用も手間も省くことができる。

しかしそれでも、その時が来てから、ハイ次、ハイ次と、限られた日数内でいろいろなことを決めたのでは、ご遺族にとって負担である。そのため光が丘パークヴィラでは、これもご本人がお元気なうちに、「最後のお願い検討事項」の書類を書いて残していただくことにしている。これがあれば、死後に迷うことなく段取れるので、大変役立っている。

身元引受人も、甥や姪など遠い関係の方が多くなっている中、この「最後のお願い検討事項」に沿って準備万端《ばんたん》整えて待っていると、大変喜んでくださる。ご遺族は親戚に電話をかけるだけで終わったこともあった。政治家や学校の先生など、大勢の弔問客《ちょうもんきゃく》が見込まれるような方は、ひとまずここで簡素に葬儀を終えて、後で偲《しの》ぶ会を開いている。

最期のお願い検討事項

ご入居者氏名＿＿＿＿＿＿＿＿＿＿＿＿＿＿＿＿

作成日　平成　　年　　月　　日

必要事項を〇で囲んでください。

1．葬儀（　する　　しない　）　献体　　直送

ヴィラ以外の場所で葬儀する場合は、お手伝い出来ません。

しない場合及び献体の場合はヴィラに安置、お別れとなります。

1）葬儀・荼毘について　（　ご親族　　ヴィラ代行　）

2．葬儀する場合

1）斎場（　ヴィラ　　他の場所　）

2）葬儀形式（　通常葬儀　　親族の密葬　　お別れ会　　直送　）

3）葬儀方法（　仏式　　キリスト教　　神式　　無宗教　）

仏式（宗派＿＿＿＿＿＿＿＿＿＿）　キリスト教（宗派＿＿＿＿＿＿＿＿＿＿）

お別れ会の場合　（　献花　　焼香　　お榊　　その他　）

4）お棺の種類　（　一般形式、　キリスト教形式　）

5）僧侶・牧師・神主の出席　（　あり　　なし　）

僧侶・牧師・神主の手配は喪主手配　僧侶はヴィラ手配も可能

ご家族が手配する場合は、その手配先の名称、住所、電話番号

＿＿＿＿＿＿＿＿＿＿＿＿＿＿＿＿＿＿＿＿＿＿＿＿＿＿＿＿＿＿

6）参列者　（　親族　外部参列者　入居者　その他　）

7）墓地（納骨）　（　自分のお墓　ヴィラ共同墓地　　その他　）

自分のお墓　名称＿＿＿＿＿＿＿＿＿＿＿＿＿＿＿＿＿＿＿＿

所在地＿＿＿＿＿＿＿＿＿＿＿＿＿＿＿＿＿＿＿＿

3．納骨（　親族　　ヴィラ依頼　　お寺に依頼　）

4．居室の片付け

（　身元引受人（ご親族）　指示によりヴィラ手伝い　ヴィラ一任　）

5．死亡連絡先

＿＿＿＿＿＿＿＿＿＿＿＿＿＿＿＿＿＿＿＿＿＿＿＿＿＿＿＿＿＿

＿＿＿＿＿＿＿＿＿＿＿＿＿＿＿＿＿＿＿＿＿＿＿＿＿＿＿＿＿＿

6．その他の依頼事項＿＿＿＿＿＿＿＿＿＿＿＿＿＿＿＿＿＿＿＿＿＿

＿＿＿＿＿＿＿＿＿＿＿＿＿＿＿＿＿＿＿＿＿＿＿＿＿＿＿＿＿＿

＊ヴィラでの葬儀は、指定業者が手配いたします。事務所にご相談ください。

依頼者氏名＿＿＿＿＿＿＿＿＿＿＿印

受託者氏名＿＿＿＿＿＿＿＿＿＿＿印

最近は殊にセレモニーホールがたくさんできて、過度な葬儀を企画するから、料金が高くなる。私の母は、光が丘パークヴィラのケアセンターで亡くなったが、地方に実家があるのでそこへ運んだ。兄が地元のセレモニーホールを選んだのだが、ケアセンターで職員が死化粧をし、新しい浴衣《ゆかた》を着せて送ったのに、そのセレモニーホールでさらに専門家が2人付いて、1時間も死化粧をしていた。死《し》に装束《しょうぞく》も着せ替えられた。たくさんのメニューが用意され、兄に選択を迫る。兄としては、見栄《みえ》と世間体《せけんてい》があり、責任を感じるから、どうしても高いものを選んでしまう。

そうしてつくり上げられた葬儀に出席してみて、私どもの葬儀とはだいぶ異なり、違和感を覚えた。僧侶も違和感を覚えたようだ。セレモニーの見栄《みば》えではなく、送る心を大切にしていただきたいと思った。光が丘パークヴィラの葬儀は簡素だが人間味があり、皆で送る心があるから、魂は昇天できると思う。

セレモニーは送る心を大切に

※心を込めてお見送り

死者の心は死とともに消えるが、魂はとどまるという。その魂のお見送りをきちんとしなければならないと思う。医師や看護師、介護士などの職員は、看取りのお世話はできるが、その道の専門家ではないから、神職や僧侶ほどには、その魂の昇天を見送ることはできない。しかしそれでも、私たち職員一同、葬儀には必ず出席し、厳粛な気持ちで亡くなられた方をお送りしなければと考えている。

心は意識できる世界、魂は無意識の世界にあるという。
その意味で、お見送りはきちんとしよう。
たとえ家族がいなくても、みんなできちんと送ろう。
心残りがないように、心を込めて。

葬儀においては、魂が昇天できるように、厳《おごそ》かで高まるような雰囲気を醸《かも》し出す演出も必要だろう。宗教を問わず、名僧が取り仕切ると、本当に魂が天に昇ってゆくように感ずるから不思議だ。しかしそんな名僧も今では少なくなった。だが、そんな中でも、以前に行なわれた、ロシア正教の若い牧師の前夜祭は、まさに昇天してゆくような演出だった。これだと思った。みんなでそんな場面がつくれればと、演出に骨を折る日々である。

魂の昇天のお見送り――これも「終の棲家」の最後の仕事である。この締めくくりを大切にしよう。思い残すことがないように、心を込めて。

お見送りは心を込めて

✽霊園に広がる新たなトレンド

光が丘パークヴィラでは、お盆とお彼岸にはバスを出して、みんなで墓参《ぼさん》に行く。緑に囲まれた丘陵地《きゅうりょうち》にある共同墓地。しばし時の過ぎるのを忘れて墓前に座っていたと、後でご家族から手紙をいただいた。

このお墓は、入居者とそのご家族だけでなく、一般の方々にも人気があるようだ。お墓をつくった時に、こんな説明文を書いた。

光が丘パークヴィラは、1985年、日本の草分けとして「終の棲家」を提案してきました。生活支援・介護・看護・医療支援が一連のものとして機能するよう努め、新しい形の高齢者住宅をめざしております。このお墓は宗教に関係なく誰でも埋葬できる新しい墓の在り方を求めてつくられました。光が丘パークヴィラご利用の皆様の願いを込めて「安らかに」としました。

お盆とお彼岸にはご家族も一緒に墓参り

私たちが考えたお墓、誰でも入れる自由度の高いお墓。これが参考になり、周囲には同じようなお墓がたくさんできた。光が丘パークヴィラの共同墓地が、この霊園のお墓のモデルとなったのだ。

娘の嫁《とつ》ぎ先の苗字と2つ並べて書いた墓があった。「○○一族の墓」と書かれた墓もあった。嫁《よめ》に行った娘家族もご希望なら入れると、その一族の人は希望すれば誰でも入れると、そんな意思表示をしているお墓である。さらには、「夢」、「和」、

「旅路」と自由な文字が刻《きざ》まれたお墓もあった。そして「安らかに」という光が丘パークヴィラのお墓の並びには、「天を仰ぎ永遠に眠る」と書かれた大きなお墓ができていた。宗教も戒名も自由だ。どれも、従来の檀家制度から脱却した自由度の高いお墓である。

夫婦でも片方が仏教でもう片方がキリスト教だと一緒に入れない。これではおかしいのだ。本妻の墓には後妻は入れない。このこだわりを改善しよう。兄弟でお金を出してお墓をつくった、死後は一緒に入ろうと。だが、死後に息子が反対だと言う。死んだ叔父《おじ》は神道だから難しいと。どちらも言い分があるから口は出せない。けれど、もっと自由なお墓こそ、安住の地ではないか。

骨は火葬してしまえば無なのだ。個性はなくなる。しかし魂はそこから抜け出し存在すると考えれば、お墓とは魂の拠《よ》りどころであると考えた。人間の生きた証《あかし》、業績、生きざまは残るだろう。個体差はなくなり、物質としての価値はなくなり、消えてゆく。それを拝《おが》むのは、魂の存在を信ずるからだ。その人の思いは残るのだ。手を合わせる時は、その人の存在が目に浮かぶ、脳裡《のうり》にひらめく、それが大切なのである。私は仏壇に手を合わせる。父母への思いが強いからだ。願い事はせず、今日も1日よろしくお導き下さいとだけ祈る。父母がいなければ自分の存在はないからだ。

一族の限られた人しか入れないお墓から、宗教に関係なく、誰でも入れるお墓に代わった。私たちの理想とする考えが、こんなに広がっているのは嬉しい限りだ。新しい流れが起きている。

光が丘パークヴィラは、他に先駆けて、高年者専用住宅という新しいコンセプトの健常者型有料老人ホームをつくった。そのコンセプトから生み出された、この新しいタイプのお墓も先駆けになったのは嬉しかった。霊園からも、宣伝になったと喜ばれた。

霊園は、このように自由度が高いだけでなく、料金もすべて規定しているから合理的だ。合葬墓《がっそうぼ》（永代供養墓）もあり、使用料、供養料、管理料など、必要な費用はすべて前払いだから、残された家族は墓の管理をしなくて済む。半永久的に面倒をみてくれるので、墓の流れは共同墓地に向かっているという。

その共同墓地について、私はある程度のグループ化が必要だろうと考えている。光が丘パークヴィラの場合は、同じ屋根の下で暮らした人たちの共同墓地だ。ただ漠然《ばくぜん》と合葬するのではなく、共通の意思とか、考え方とか、例えばそんな分類で共同墓地をつくり合葬されればよいと思っている。

お墓も霊園や、共同墓地へ。この流れは止まらないだろう。私も施設での死を見ながら、必然的にそんな方向に向かうような予感がしている。

自分のお墓についても考えた。私は都内のお寺に墓地を用意している。だが子供は娘が2人。結婚しているから、自分の墓には入れないだろう。ここにお墓を建てても、いずれは共同墓地に移される。それならば、私も霊園に墓所を求めようではないか。そのほうが合理的だ。

外へ出た子供がそれぞれお墓を求めなければならないという不合理を是正《ぜせい》したい。戒名もいらない。そもそも院号居士《こじ》がお金で買えるというのもおかしな話ではないか。俗名こそ自分の親しんできた名前、戒名よりわかりやすいではないか。

そして霊園なら、自分の自由な発想でお墓のデザインもできる。宗教に縛られない、自分の思うお墓をつくれるのだ。自分たち夫婦だけが入るのではもったいないから、一族はもちろん、希望する方にも、拒まずご利用いただくことにしよう。しかし、あまり考えの違う人は困る。冥途《めいど》で喧嘩《けんか》になっても困るからだ。墓誌の記載はもちろん、すぐ誰だかわかるように持って生まれた俗名で。

墓石の文言《もんごん》については、光が丘パークヴィラの共同墓地は、みんなの願いを込めて「安らかに」とした。自分の墓石には「天を仰ぎ安らかに眠る」と刻んでもらおうと思う。私の神は宇宙だからだ。人間には、即物世界と精神世界、心と魂がある。心は意識の世界、肉体と共に消滅するが、無意識の世界の魂は残る。遺伝子の世界と無意識の魂は見えない糸で結ばれている。それだから不思議なことが起こる。魂の安住の場所が墓とすれば、その場所は確保しよう。そんな墓をつくりたいものだ。誰でもお入りくださいと。

※お骨は土に還そう

都心に目を疑うようなお墓ができている。ビルの中につくられた、コンテナ式倉庫と同じ移動式のお墓である。ボタンを押すと目の前に位牌《いはい》が現れる。

これがお墓なのだろうか。私は、お骨はいずれ土に還すのが本来の自然の姿だと思っている。しかし、土のないお墓でどうやって土に還すのか。陽の光も空気の流れもない、自然界と切り離された空間。どこかのお寺がつくったそうだが、これを税務署が宗教法人として認めないと、裁判が起こっている。

光が丘パークヴィラの共同墓地も、今後は10年したら、土に還すようにしようかと考えている。もっと早いサイクルでも良いかもしれない。これから規定をつくり、今の納骨室の隣に、土に還す納骨室をつくろうと計画している。今のお墓に骨壺《こつつぼ》は90体入るが、土に還せば無限に入るから、お墓の心配もなくなる。

骨壺に入れたまま納めておくほうが、お骨の請求があった時にお返しできるからとも考えた。しかし、この30年の間に返却の請求は1件もなかった。

自然の循環の中で本来の姿である土に還れば、また魂はよみがえる。自分が死んだ時も、火葬が済んだら、その骨は骨壺から出して、はじめから散骨にしてもらおうと、そんなことを思う日々だ。

土に還すのならば、あるいは、樹木葬というのも一つの自然な形ではないかとも思案を巡《めぐ》らしている。いずれにしても、骨壺の中にいつまでも入れたままでは、みなさんに申し訳ない、魂の安住の地をつくってあげよう。

第5章

迷走する行政の施策

多様化する有料老人ホーム

❇健常者型施設へのニーズの高まり

光が丘パークヴィラの入り口の塀には、次のような説明文を掲げてある。

光が丘パークヴィラは1985年、日本では草分けの高年者専用住宅として建設されました。ホテルの機能性、マンションの気安さ、家庭の味、医療支援、高齢者の暮らしやすさを求め、「終の棲家」を提案してきました。お元気で入居された高年者に対して、生活支援・介護・看護・医療支援が一連のものとして機能するよう努め、新しい形の高年者専用住宅をめざしております。

オープン以来、光が丘パークヴィラを多くの方々に知っていただきたいと、施設を運営する傍《かたわ》ら、PRにも力を注いできた。講演会を開き、本書に掲載したような施設のデータを見せて説明したり、高齢者向けの雑誌に広告を出したり。地元では、施設のコンサートに招待したり、老人会に呼びかけたり。だが、それでも外観から高級マンションかと飛び込んでくる方がおられるので、2010年3月、25周年を迎えるのを機に、このような文章を飾った次第だ。それからは共感を覚えるのか、時々立ち止まって読んでいる人もいる。

超高齢化とともに健康年齢も延びたことで、人々の老後のイメージの仕方が変わってきた。身体が利《き》かなくなった時のことだけではなく、それまでをいかに不安なく楽しく過ごすか。子供のいない夫婦が増えた。子供はいても、気を遣いながらの同居生活は嫌だという人もいる。先進的な考え方を持つ人々は、介護型の施設ではなく、健常者型の「終の棲家」を求めて動き出している。光が丘パークヴィラもようやく、地域の人々を含め、いろいろな分野の人から関心を持たれるようになってきた。近年、問い合わせが急増している。この流れを受けて国も動き出した。

❇ 国交省が打ち出した政策

2010年6月、国土交通省（以下、国交省）は、健常者型の「サービス付き高齢者向け住宅」を10年で60万戸つくるという計画を打ち出した。補助金や税制面、融資などにおける優遇策も準備しての施策である。これに伴い、翌2011年には、「高齢者住まい法（高齢者の住居の安定確保に関する法律）」が改正されて、いよいよ建設に専念する。

ただし、そのイメージする住宅は賃貸契約で、提供するサービスは、生活支援と介護で外部委託。相変わらずの箱物《はこもの》行政だ。

介護サービスは、介護認定されていないか軽度の要介護者を対象としたものだ。これでは重度の要介護者は入れないし、入れられない。最初は皆、自立して生活できていても、いずれは重度の要介護者も出てくるだろう。その時、どうするか。退居させることもできず、ミゼラブルな住宅になってしまうだろう。

これは十分想定できることで、私はその後に開かれた高齢者住宅公団の勉強会で、「またまた不完全な住宅をつくり問題を起こす、こんな老人施設をつくるのはやめてくれ」と、警告したことがある。もっとも、こんな意見はたとえ言ったところで、どうせ公団の雑誌には載《の》せないだろうと思っていたのだが、意外にも載せてくれた。

しかし、それでも現在までに、この種の施設がたくさんできてしまった。高齢者円滑《えんかつ》入居賃貸住宅、高齢者専用賃貸住宅、高齢者向け優良賃貸住宅と、よくわからない住宅がいろいろ並ぶ。こんなふうに、国交省側の箱物住宅の建設が進んだのは、厚労省側の、介護保険法に基づく有料老人ホームを含む特定施設の認可が制限されたことと無関係ではないだろう。

※ご都合で緩和された設置基準

こうしてつくられた多様な高齢者向けの住宅を、「サービス付き高齢者向け住宅」として一本化しようという動きが出た。そしてその一本化は、思いがけない方法で図《はか》られ、矛盾を抱えることになった。

2016年1月、東京都が有料老人ホームの設置運営指針において、それまで指針対象適用外であった「サービス付き高齢者向け住宅」を、有料老人ホームの適用対象に追加するとしたのである。サービス付き高齢者向け住宅は国交省指導のもとで「高齢者住まい法」を根拠に、有料老人ホームは厚労省指導のもとで「介護保険法」を根拠につくられ、運営されてきた。基盤が違うから、おのずとその施策も違う。だから、サービス付き高齢者向け住宅を適用対象とするにあたり、すでにつくられてしまっている建物については、設備基準の規定を曲げるというのである。

すなわち、個室の床面積は1人あたり7・43㎡以上。廊下の幅については、職員が介助することで、廊下の移動が施設の基準を満たした場合と同等の効果が得られると認められれば良いというような、あいまいなことが書かれてある。

本来の規定は、個室の床面積は1人あたり13㎡以上、廊下の幅も1・8m以上と具体的に規定されている。自分たちの都合ならこんな緩和措置がとれるのだ。

有料老人ホームが特定施設となり、こうした規定が設けられたのは、介護保険法が施行された2000年のことである。光が丘パークヴィラは、当然ながらその前につくられた施設だ。マンションのような快適さと、ホテルのような機能性を追求し、健常者型の本館の居室は、40㎡から、広い部屋では50㎡以上の床面積を確保した。しかし、ケアセンターについては、いわば自立不能になられた方が本館から移る介護室であるので、1室の床面積は21・6㎡とした。この広さがあれば、十分2床は入る。

それが、規定ができたとたん、ケアセンターの1室2床は認めないとなった。個室は1人あたり13㎡以上だから、26㎡以上ないとベッドを2つ置いてはならぬと。介護保険ができる以前の、有料老人ホームの規定のない時代の施設なのに、後からできた制度と規則で規制する。しかも一般居室ではなく、ケアセンターの介護室だ。大いに矛盾を感じたが、これは規則だからダメだと言う。

こんなことを民間に押し付けておきながら、サービス付き高齢者向け住宅を有料老人ホームに編入するためには、１人７・43㎡あればよいとの特例をつくった。おかしな話である。何のための規定だろうかと疑問を持たざるを得ない。

ケアセンターの利用期間は長く、ほとんどが１年以上だ。２０１２年９月現在、最長は２００か月（16年８か月）で１００歳を超えている（図16）。

１００歳老人が常時いるようになった。病院と違い退院はないから、このように長期化するのは避けられない。このような施設では、実際にベッドが２つ十分に入るのだし、介護室は２床室も認めるべきだと思う。

図16 ケアセンター利用期間（2012年9月現在）

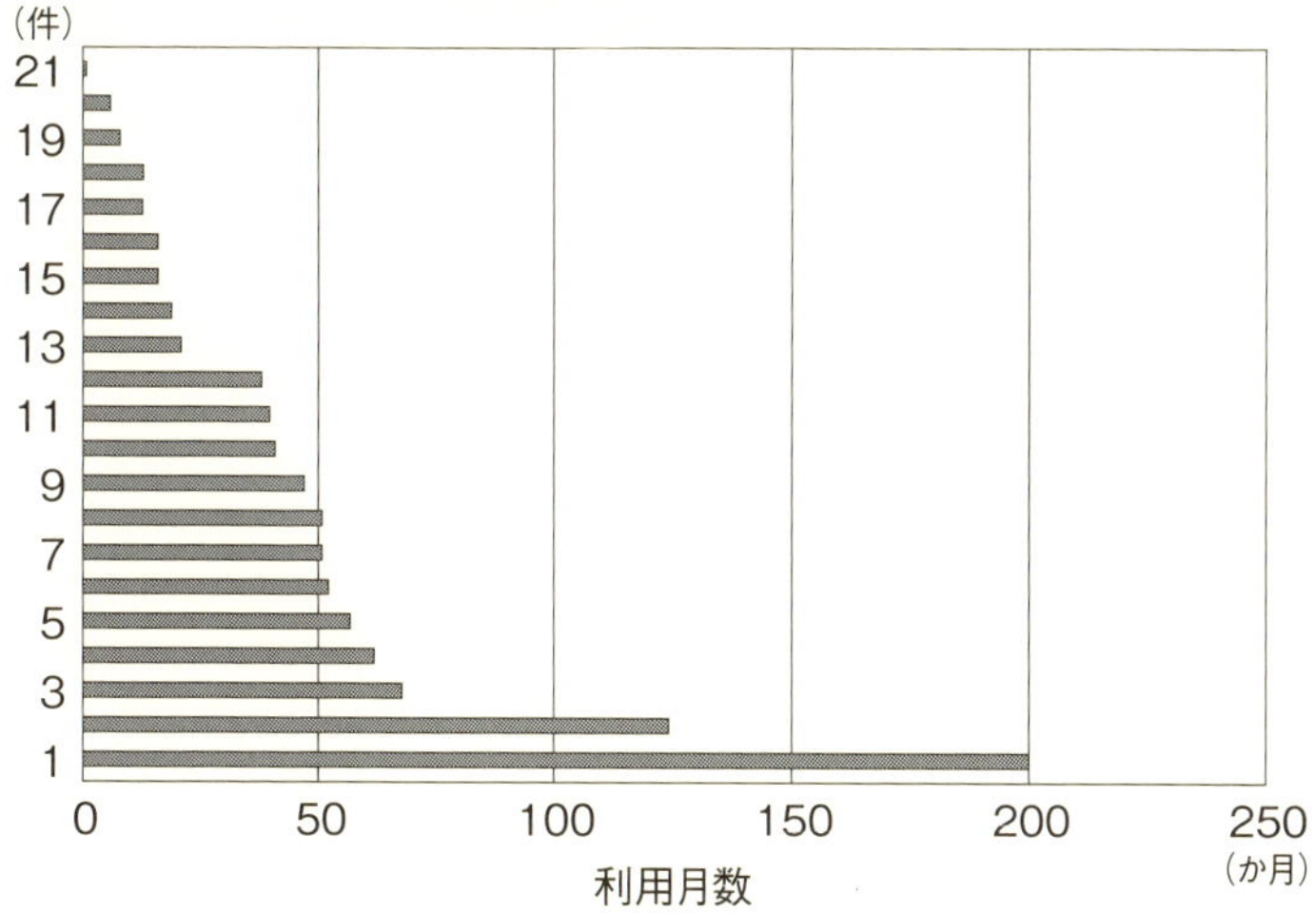

先の特例は、既存《きそん》の建物の場合に適用されるというのだから、再申請してみようかと思う。長期寝たきり患者の負担の軽減にもつながることだし、ケースバイケースで配慮も必要ではないかと思う昨今だ。

こんな勝手な規則をつくると怒《いか》りを覚えるのは私だけだろうか。東京都はこれを一時的な措置だとしている。しかし運用面で、自治体はいろんな問題を抱えるだろう。例えば今すぐにでも、光が丘パークヴィラがケアセンターの2床を認めるよう申請したら、どう対応するだろうか。これを認めないというなら、サービス付き高齢者専用住宅を有料老人ホームに一括すること自体がおかしな話だ。そもそも国交省と厚労省がこんな取引をするのは違法ではないのか。

行政指導はこんなに簡単なものでよいのか。規定の変更もこんなに簡単でよいのか。しかし、これを監督する機関はないのだ。これが行政の実態なのだ。現場のことなど考えずに、政治的な取引を優先させたご都合主義で決めてしまう。それでいて、末端の自治体が疑問の声を上げないのもおかしい。施策の提案は下から上に、これが地方自治なのだが。

❇ 利用者の側に立った対応を

すでに多様化してしまったものをひと括りにしようとすれば、いろいろと問題が起きてくる。介護保険法に基づく従来からの有料老人ホームも、健常者型と介護型があるのに、ひと括りにして規制しているから無理が生じてきた。

有料老人ホームには、国が決めた重要事項説明書という書類の添付が義務付けられているのだが、その形式は一種類しかない。今は介護型が多数を占めるからと、介護型にシフトした内容になっている。したがって、健常者型の有料老人ホームへの入居希望者は、その特徴を重要事項説明書からでは読み取れないのである。

有料老人ホーム、サービス付き高齢者専用住宅、高齢者賃貸住宅、さらには特別養護老人ホーム、老健施設、長期療養型病院など、高齢者のための施設が混乱したように存在している。これだけ種類があると、どこを選択してよいのか利用者はもちろん、医師も迷う。だから、ようやく選択して入ったとして、自分がイメージしていたのとは違っていたという声をよく聞く。特に有料老人ホームについてはそうした声が多く、これも、介護型が多く占めるからと、介護型にシフトした内容で重要事項説明書を作成していることに起因した問題である。

実際、有料老人ホームは、健常者型、介護型と多様化しているとはいえ、そのほとんどが介護型である。高齢者は、年齢にかかわらず、自立できる方、少し支援すれば自立できる方、介護支援が必要な方とさまざまなのだ。だからこそ、そうした方々のニーズを満たす施設の草分けになれればと光が丘パークヴィラをつくったのだが、概観すれば、その思いとはかけ離れた施設ばかりがつくられ、入居を希望する高齢者を悩ませている。いったんは高齢者施設に入居したが、認知症の患者ばかりで、びっくりして出てきたという入居者もいた。厚労省も、有料老人ホームを一括りにするのではなく、たとえ数として少なくても、内容が違えば分けて説明するなど、利用者の立場から考えた、きめ細かな対応が必要ではないか。

❋本当の意味で老人にやさしい住環境の整備を

これからは一層、施設介護・施設看護・施設医療の問題がクローズアップされることになるだろうが、入所するのではなく、場所を移してこれまで通りに暮らす感覚で入居できる、「終の棲家」としての有料老人ホーム、光が丘パークヴィラが提案するような高年者専用住宅に、すでに注目が集まっているのである。老後に対する意識が変わってきているのだ。そのニーズを満たそうとするなら、老人のための施設は通過施設ではなく、最終施設であらねばならない。その意味では責任が重いし、取り組みも多様化が必要だ。生活支援から介護・看護・医療支援の一連化、連携なくしては、最終施設にはなり得ない。このことを心しての施設づくりが大切だと思う。

光が丘パークヴィラの取り組みはまさにこの点にあった。将来を見据え、ご入居を考える方が多くなった。先進的な考えが一般的な考えになったのだ。その意味でも、これに応えられるような施設づくりが大切になるだろう。高齢化してから看取りまで、さらに葬儀、お墓まで。これこそが老後のトータルサービスで、その仕組みこそが「終の棲家」なのだ。光が丘パークヴィラは、まさにその取り組みに注力してきた。

こうした「終の棲家」の需要は、今後もますます増大していくだろう。それに応えるためには、本当の意味で老人にやさしい住環境とは何かを考え、整備することが早急に求められる。

コラム

七夕に託された願い

七夕祭りには、ロビーに青竹を立て、短冊《たんざく》を置いて願いを書いてもらう。食堂の帰りに楽しみに立ち止まって書いたり、読んだりしている。この年は、あいにく天候が悪く、星は見えなかったが、さて、光が丘パークヴィラ入居者の皆様は、どんなことを願っておられるのだろう。

「死ぬまで元気で」
「叶うなら、夢で逢いたいあの人に」
「体力、気力、能力は歳なるも、心はいつも微笑みを」
「ボケずに楽しく過ごせますように」
「穏やかな地球でありますように」
「地球上から一切のテロがなくなりますように」
「戦争のない平和な世界」

一人一人、短冊に願いを込めて

全体としては、「健康」への願いが42％で一番多く、「良い日に感謝」が33％、「平和・戦争に反対」が20％、その他が職員へのねぎらいだった。

ちょうど憲法議論、集団的自衛権の問題が新聞で大きく取り上げられていたから、戦争時代を乗り越えてきた人たちは、戦争への想いが強いのだろう。参議院選挙の直前でもあり、平和・戦争・憲法への願いが増えていた。

戦争を経験した世代だからこそ、平和への祈りは強い。そして、自分の人生もこの先、平和でありますようにと。健康への願いと感謝、平穏な日々が続くように、死ぬまで元気で、ボケないで元気に過ごしたい——皆様の心がひしひしと伝わります。

どうか皆様の願いが叶いますように。

進まない健常者型施設への理解

＊「ホテルの機能性」が仇に

さて、有料老人ホームの説明が介護型にシフトしているから、健常者型施設に対する役所の理解も足りていない。とりわけ、光が丘パークヴィラは健常者型有料老人ホームの草分けで、新しいタイプの施設だから、つくる時にはなおさら税制面や施行面でいろいろと困難があった。まず、税制面について。

健常者型の居室は、介護型のそれとは違い、独立性が保たれる必要がある。それでいて共有スペースも設けるから、いわば表玄関が一つで共有ロビーや会議室のあるマンションに近いイメージだろうか。さらに快適性をアピールするために、「ホテルの機能性」という文言をパンフレットのキャッチフレーズに入れた。それが仇《あだ》となった。東京都税事務所が、ホテルに近い施設ではないかと疑い始めたのである。

訪れた調査官に、当施設が高齢者の専用住宅であること、入居者の終身利用であり、共有部分を含めて利用権があり、入居者以外は使えないことを強調したが、なかなか納得していただけない。理由ははっきりしている。ホテルならば事業所税の課税対象になるからだ。そこで、なんとか再検討してもらおうと、東京都主税局にお願いの文書も提出した。都庁へも赴いた。厚生省（当時）の担当課長にも相談した。だが一向に進展しない。みな心情的には、私の説明はもっともだと理解してくれるのだが、なにしろ前例のないことだから逃げてしまうのである。

結局、都税事務所と再度交渉することになったのだが、あまりに物わかりが悪いので、顧問税理士と一緒に行って、「どうしても納得できないから不服申し立てをする」と話したところ、急に弱腰《よわごし》になった。そして、頭がどうにかなりそうなほどの折衝《せっしょう》を経て、ようやく事業所税の課税対象にはならないという回答を得たのである。

❇ 戸別メーターの設置を認めない水道局と電力会社

施行面では、水道と電気のメーターの取り付けで苦労した。光が丘パークヴィラは共同住宅として申請しており、マンションのように住戸ごとに水道も電気も使用する構造になっているため、一般の集合住宅と同じ各戸メーターを希望した。しかし、水道局からも電力会社（東京電力）からも、それは認められない、できないと言われたのである。

水道局は、都税事務所と同様にホテルのような性格の施設と考えたか、あるいは介護型の老人ホームのような福祉施設と捉えたようで、これは共同住宅ではないので、各戸メーターは認めないと拒否された。

各戸メーターが認められないとなると、施設側が居室ごとにメーターを設置し、代理検針、代理徴収をすることになる。加えて共同住宅と認められないことで、料金的な問題も生じることになる。

水道料金は一般に、引込口《ひきこみぐち》の口径《こうけい》に応じて基本料金が設定されており、使用水量が増えると、1㎥あたりの料金単価が累進的に上がる仕組みになっている。そのため、使用水量が多い集合住宅では、この料金体系がそのまま適用されると割高になってしまうのである。それを回避するために設けられたのが「共同住宅扱い」の特例で、次のように説明されている。

「全使用水量を一計量単位とし、それに口径料金を適用すると、一般住宅に居住する使用者との均衡《きんこう》を失い、低廉《ていれん》な生活用水の確保という水道の目的と矛盾するので、この矛盾をなくすための特例として設定されたもの」

共同住宅と認められなければ、この特例が適用されない。適用されない場合の料金を試算したところ、各戸に振り分けられる平均水道料金は、一般家庭と比べて、およそ3倍も高くなることがわかった。これでは入居者の理解は到底《とうてい》得られない。

私は、この施設が実際にどのようなものであるかを説明し、マンションやアパートなどの集合住宅と同じように考えていただきたいと再三《さいさん》申し入れた。しかし水道局もお役所だから、例によって、「前例がないから」と一歩も譲《ゆず》らない。そこで東京都水道局長に要望書を提出したところ、その後も交渉は長引いたが、最終的にはこの「共同住宅扱い」の特例適用が特別に許可されることになった。併せて各戸メーターについても、水道局の貸与メーターとして、ようやく取り付けてもらえることになったのだった。

一方、電力会社は、各室にメーターを取り付けると、いちいち靴《くつ》を脱《ぬ》いで点検しなければならないからダメだと言う。そこで、一度靴を脱げばメーターが並んでいるのだから、むしろ楽ではないかと主張したところ、許可された。

こちらは民間企業だから理解が早かった。

＊ゴミの回収が有料に

そして、ごく最近になって発生したのが、ゴミの回収についての問題である。光が丘パークヴィラはこれまで、ケアセンターから出たものは事業者ゴミ、健常者型の本館から出たものは一般ゴミとして分けて出してきた。それを区のゴミ回収が、「お宅は有料老人ホームだから、本館から出たものもすべて一般ゴミではなく事業者ゴミに改める」と言ってきたのである。

「健常者型施設の入居者には住民税を払っている人も多く、働いている人もいる。一般区民と同じなのに、なぜ差をつけるのか、共同住宅と同じではないか」と主張しても、まったく応じてくれない。有料老人ホームは、一括して認めないことになっているからというのが理由だった。

調べてみると、同じ東京23区でも区によって対応が違い、むしろ健常者型施設から出るゴミは、一般ゴミとして扱っているところが多いという。これはおかしな話だと思い、区に交渉してみるも、担当者はあくまで、上位行政機関である東京都の決定だからと言う。同じ有料老人ホームと位置付けられた、サービス付き高齢者向け住宅のゴミは、一般ゴミとして回収されている。それでさらに、そのことを引き合いに出せば、「これは有料老人ホームではないから良い」との答えだ。まったく理解していない。

実態を調べようともせず、上からの指令に従うのみで、水道局と同じである。民間業者が新しいタイプの施設をつくって運用しようとすると、経費が割高となる。しかも高齢者用の施設なのに、なぜ高齢者にそのような負担を強いるのか。ゴミの回収については現在も交渉中であるが、お役所相手だと、こんな問題が次々に起こる。

※区民健診が受けられない⁉

区の健康診断も、私たちの施設は除外されている。区民として認めないのだ。ケアセンターは介護施設だからよいとしても、健常者である本館入居者は、一般区民ではないか。しかしこれも、有料老人ホームだからダメだと言う。住所を移さずに入居している人は区民として扱われ、健診のお知らせが届くという矛盾が起こっている。

すべては多様化している老人施設を、有料老人ホームという名のもとに一括していることに原因がある。今後も次々に問題が起こるだろう。私もずいぶん頑張ってきたが、個人の力ではどうにもならないマイノリティの問題だ。

コラム　税務の怪

税務署は、できるだけ税金を取ろうとする。税務調査で100%完全はあり得ないと考えているようだ。税務調査で税金が取れないと、過去に遡って調べるから大変だ。過去にすでに認められているのでおかしいと思っても、なかなか反発できない。税務当局の意見はかなり強力だから、一般市民は黙《だま》ってしまう。税務調査では、巷間《こうかん》では税務署に一つぐらいお土産《みやげ》を用意しておかねば駄目《だめ》だという納税者がいる。お土産を渡せば、それ以上追及しないと考えるのだろう。

税務知識がなかった医師が、光が丘パークヴィラの事業を始めたが、知らないでは済まされない時代になっていた。今でこそパソコンは当たり前、疑問点はインターネットで検索すれば、すぐに専門的知識が得られるが、始めた頃はパソコンもインターネットもない時代。税務署でも教えてくれるが、納税対策など余分なことは教えてくれない。都度、専門家に教えられながら、税務知識を身に付けていった。

義父の土地を借りて始まった事業、「終の棲家」をつくるのだから先は長い。決して入居者を迷わすことがないよう、相続のことを含め、あらゆる対策を講じなければならないと考えた。そして、いつかはこの土地をすべて会社で買い取ろうと夢見た。

相続については、義父母をはじめ、相続人全員と種々の契約を交わし承諾書、同意書をいただいた。早々に着手しなければならなかったのが義父の土地の借地権の解消だ。借地権が残ったままでは、地主といえども勝手にその土地を活用できないし、相続では、相続評価されるから大変だ。借地権は地主にとっては不良債権だ。「借地権はできるだけ整理せよ」というのが会計士の言葉だった。

今の借地借家法では借地人の権利ばかり強くなっている。いったん貸したら原則契約更新を断れないし、契約を解消するには多額の立ち退《の》き料を払わなければならない。この地域の借地権割合は地主４割、借地人６割だ。昔の借地は広かったから、半分半分で取引できた。しかしその割合は相手により調節して解決した。代替え地を提供する必要がある場合は不動産鑑定士に依頼して適正価額を出してもらい、それに見合う土地を用意し等価交換した。家屋も一緒に買い上げた。結果は皆から感謝された。紆余《うよ》曲折はあったが、バブル経済が到来する前の、絶妙《ぜつみょう》なタイミングで解決することができた。個人の借地権はすべて解消できたが、一時貸（1年間の条件で貸した土地）が長期になり、権利を主張され難《なん》航《こう》した例もあった。

企業に貸していた流通センターの土地は、長い交渉の末、オーナー会長の一声で無償返還され、光が丘パークヴィラの建設基金となった。これはありがたかったことで感謝している。後の開設パーティで会長とお会いしたら、一世一代の語り草だよと述懐《じゅっかい》された。こんな損《そん》な取引をしたのは初めてだったのだろう。交渉の中で困難な老人問題、私がめざした高年者専用住宅の構想を理解され、できるだけの支援をしようと決断してくださった。後にご子息の社長も、義父の死後、社員寮に使っていた土地も無償返還をしてくれた。私は二度にわたり助けられた。

これで借地権はすべてなくなった。借地権ゼロは大きなことで相続を可能にした。

さて会社が使っている本館の底地《そこち》も、相続した私の妻から会社が買い上げた。同族関係の売買は、相続逃れとみなされるから、路線価以上で売買しなければならない。会社の使用地はすべて路線価以上で買い上げたが、相続の際、義父の土地は広大地（広大地とは、その地域における標準的な宅地の面積に比べて著《いちじる》しく面積が広大な土地のことで、面積による広大地補正率で減額される。広大地の評価額＝正面路線価×広大地補正率×面積で5000㎡以上では広大地補正率は0・35％だからかなり減額される）として評価されたため相続価額が抑えられた。しかし同じ土地が、母の相続では広大地は認めないと多額の税金がかけられた。素人《しろうと》にはわからないから、そんなものかと考えたが、弁護士より指摘され、不動産鑑定士を入れたら広大地になった。これもおかしな話だが、借地権の処理ではこんな話もあったのだ。昔、安く貸した土地が事業用に使われていた。光が丘パークヴィラの事業用地の続きだから、返還交渉をした。その時には事業はされていなかった。営業休止状態だったが、営業権を主張し多額の立ち退き料を請求された。桁外れの要求で、何とか半分にしてもらい交渉が成立したが、それでも高い金額を支払うことになった。だがその土地を会社が買収することになった時、思わぬ節税になったのだ。

土地を売った際の所得税には、売買代金から取得費を引いた額（譲渡所得金額）で計算される。昔から持っていた土地だから、いくらで取得したかわからない場合、取得費は売買代金の5％しか認められない。しかし、それが借地人に高い立ち退き料を払ったことで、その額も取得費に加算することができたのだった。税額が下がり、結果的には損は少なかった。これも税制の面白いところだ。

義父の逝去後、これらは、今般行なわれた相続税改正の前に解決できたのも運が良かった。税制を知らないと余分な税金を払うことになる。これも税制の妙、税務の怪として書いてみた。

31年経った今、義父から借りた事業用地が、すべて会社の所有となった。よくできたものだと自分でも驚いている。広大な土地だから、並大抵のことではなかった。誰がどうしてこんな結果を導いたのか、糸を引いたのか、多くの人に助けられたことに感謝している。これからも感謝と誠心誠意の対応を心がけよう。私の神様は「宇宙」だから、見逃すことなくすべて見ているから。宇宙が助けてくれたのだろうと思うほかない。空に向かって手を合わせよう。

第6章

信頼関係に支えられて

思い出に残る人たち

✻ 忘れられない入居者第1号のご夫婦

入居者第1号は、ご高齢のご夫妻だった。日本経済新聞を手に、これぞ本当の高年者専用住宅だと、タクシーを飛ばして仮設事務所に駆け付けて来られた。「竹中工務店と三菱信託銀行が光が丘パークヴィラと協力して、入居金保証の第1号を創設」と、日経新聞に掲載されたその日のことで、その場ですぐに申し込まれた。まだ建物も建築中で見学できず、モデルルームもない時だった。しかも、高年者専用住宅という、これまでにない新しいコンセプトを提案しようというのである。理解されるか不安の中での旗揚《はたあ》げだったから、大変感動し、元気付けられた。

入居されてからは、お2人ともご満足そうに暮らされていた。子供がいなかったから、お元気なうちに遺言書もつくり始めていた。迷いながら何通もお書きになり、最後は、信託銀行の遺言信託が一番良いと考えて託された。遺言信託も施設の第1号だった。その内容は、お2人とも亡くなられたら、財産はすべて光が丘パークヴィラに寄付すると。自治体に寄付しても、何に使われるかわからないからとのことだった。この一連の迷われた経緯とご決断については、当時、日経新聞で紹介された。

最初に亡くなられたのはご主人であった。寝込むこともなく、朝食にパンを食べているその途中で絶命した。拡張型心筋症がある方で、奥様と食事をしながら、一瞬の死だった。この見事な死にも感動した。遺骨は、光が丘パークヴィラの共同墓地に埋葬され、これも第1号であった。この時遺産は奥様が相続されたが、その奥様も、それからしばらく経って、光が丘パークヴィラのケアセンターで息を引き取られた。感謝されながらのご逝去だった。

ご寄付いただいた財産は、その後の光が丘パークヴィラの発展のために有効に使わせていただいた。遺言書とは別に手紙が残されており、そこには、私の日常の対応をつぶさに観察されたうえで、光が丘パークヴィラへの遺贈《いぞう》を決めたと書かれていた。

この多額の寄付に、創業期の私は助けられた。私の光が丘パークヴィラに捧《ささ》げる生き方を決定づけた出来事だった。このご恩《おん》は決して忘れられない。今でも共同墓地にお参りに行くたびに感謝している。

その後も、身寄りのない方から幾多のご支援をいただいた。重ねてお礼申し上げたい。

こうした皆様のありがたいお気持ちが、これまで30年間、ほとんど休みなく働いてきた私の原動力となっているのである。人間は1人では生きられない、助け、助けられて生きている。この感謝の気持ちを決して忘れまいと思う。人間一生のうちには、ひどいことをされることもあるが、こんなに嬉しいこともあるのだ。プラスマイナスゼロなら良いではないか――これも私の人生観になった。日常の診療も、そんな気持ちでやってきた。それで間違いはなかったと思う。

❇ 本田宗一郎さんの僚友

本田宗一郎さんと創業時代からともに苦労し、その人となりをそばで観察した方がご入居された。ロビーでお話を聞きながら話が弾《はず》み、感銘《かんめい》を受けることが多かった。

本田宗一郎さんの父親は腕のいい鍛治《かじ》屋さんで、鉄砲《てっぽう》の修理までやっていたという。父親の死後、母親は1人で苦労して男6人、女2人の子供を育てたという、しっかりした方だったと。本田宗一郎さんは、以下のような話をしたという。

「人間には権利があるけど遠慮するということがあるから、権利というものが高く評価されているんだよ。権利を高く評価するのは、遠慮があるからだ。１００ある権利を１００

使うのじゃなくて、それをまあ、半分くらい使っていたほうがよい。半分くらい使うからして、要するに50％が信用とかいろいろなものになって、あの人はいいと評価されるわけでね。てめえの権利をフルに使った日には、権利と権利がぶつかり合っちゃう。

うちの親父がこう言った、〈宗一郎、おまえはこの1尺《しゃく》の物差《ものさ》しでどこが真ん中だ？〉と、そう聞くから〈5寸《すん》だ〉と答えたら、〈馬鹿！〉って怒られちゃった。1尺の物差しは、5寸が真ん中じゃないと。真ん中は、こっちから4寸行って、向こうから4寸来て、2寸残ったところが話し合いの場だから、これが真ん中だと言った。話し合いの場が真ん中なんだ。それを残さず、お前のようなピンボケではだめだ。何でもかんでもやっつけてやるというのは良くないと言って、すごく怒られたよ。

真ん中というのは4寸、4寸のところだそうだ。するとそこへ、ちゃんと話し合いのできる人も立ってくれる。話し合いができる余地が残っているから、自分たちでも工夫すりゃ、ここで話ができるっていうんだ。人が入ってくれる場を残せということだ。ぶつかったら向うの行動がわからんですよ。やっぱり真ん中は4寸、4寸だよ。お前は本当に5寸までいっちゃうからいかん。6寸も行っちゃううじゃねえかって、怒られた――」

私も若い頃に、他人を批判したら父親に怒られた。〟世の中にはいろんな考えの人がいる。

すべておまえと同じ考えだったら、世の中はつまらなくなる。泥棒《どろぼう》もいるから、お前も善人になれるのだ。いろいろな考えの中で自分をコントロールできなければだめだ〟と教えられた。人間には１００％はないのだ。10～20％は残しておかないと、議論にはならないのだ。行く道ばかり考えるのではなく、帰り道も用意しておけと。昔、苦労した人の話だったから共感した。私もこれから心しようと。

老人施設を運営する中では、相手を立てながら交渉に臨む、控えめな態度が相手を動かすことが多いことを多く経験した。

例えば診療所では、投薬した薬が入っていなかったと受付を訪れる老人がある。そんな時、「間違いなく入れました、渡しました」では喧嘩になる。「入れたつもりですが、間違っていたら申し訳ありません。もう一度見てください」と話すと、必ずありましたと返事がくる。間違いなく渡したと言うだけでは、相手は薬が見つからないのだから喧嘩になり、見つかっても教えに来ない。これなども、人間１００％決めつけてはだめで、「私も間違えていたらすみません」と話すこと。そうすれば、「ありました」と報告に来る。また、いよいよ見つからなければ、こちらから「道で拾いました」と届けることもある。

また、こんなこともあったと話してくれた。

本田技研の狭山《さやま》の工場が完成した。初めての4輪車工場で、社長の本田宗一郎さんに見学してもらった時のことだ。職員は緊張して社長を迎えた。事務員の女性は緊張のあまり手が震え、社長のカップからコーヒーをこぼしてしまった。そして見学後に、「総務課長を呼べ」と言われたので、きっとコーヒーをこぼした件で叱《しか》られるのだと思ったら、「見学者やお客さんを大事にしなければいけない」と、「本田を支える大事なお客さんだから」と。自分（社長）ばかりに注意して、お客さんへの対応がおろそかになっているのを見て怒ったらしい。これも感動した話だと。

戦後から、製塩工場もつくるなど、本田さんとは一緒にいろいろな事業を手がけたそうだ。本田技研は、戦争中は小型無線機に使っていた小型エンジンを戦後に払い下げてもらって、それを自転車につけることから始まったと。本田さんが自ら研究して自転車にエンジンをつけたら飛ぶように売れた。それから2輪車、4輪車へと発展したが、いつも先頭に立って指揮し、エピソードを残した人だったと。

指導者たるもの、自分が体を動かして指導しなければ、みんなが付いてこない。そして他人に感動を与えるような生き方をしなければならないと。良い教訓だ。

「こんな良いお話、もっと聞かせてください」とお願いした。

コラム　光が丘パークヴィラ入居者の前住所地

入居者一人一人の顔が思い出されるが、この30年、光が丘パークヴィラの入居者はどこから入居してきたのだろう。亡くなられた方も含めて、全員の入居前の住所を調べてみた。

圧倒的に多いのが東京23区で74・8%、都下が7・19%で計81・99%。これに神奈川、千葉、埼玉、計14・39%を加えると96・38%で、ほぼ首都圏から移られてきたことがわかる。

その他の県は3・62%だが、以前は東京に住んでいたが転勤で離れていた、東京に子供や親戚がいるなど、東京にゆかりのある方々だった。やはり老後は住み慣れたところ、馴染《なじ》みのあるところで暮らしたいということなのだろう。

図17　入居前住所地の割合

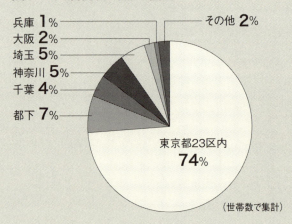

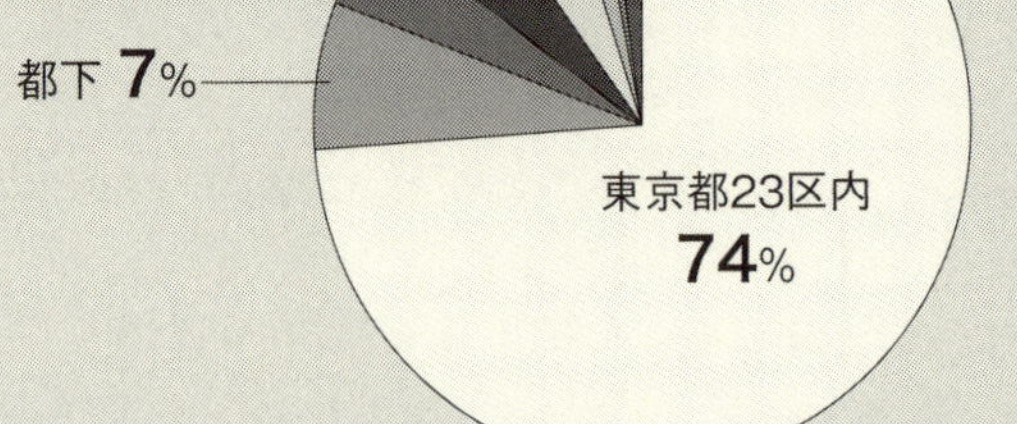

（世帯数で集計）

あふれる思いを胸に

＊「終の棲家」に寄せられた反響

前著『終の棲家を求めて』を上梓《じょうし》した際、私はお世話になった先輩や同僚、友人に、ご笑納《しょうのう》いただければと献本させていただいた。そうしたところ、思いがけず多くの手紙をいただくことになった。私の仕事に共感していただき、元気付けてくださり、幾多の励《はげ》ましをいただいたことに感謝している。その一部を、ここに紹介したいと思う。

先生の先見性と見識、仕事に対する情熱を身近に感じ、大変な感銘を受けました。私も高齢者の医療と福

地元の書店につくられたコーナー

祉に関しては先生と全く同じ意見で、国の対応のまずさにあきれている1人です。大声を張り上げる必要がありますね。

〔高校の同級生　元大学教授　老年科〕

読みがいのある、現場の医師の叫びとして読みました。終の棲家づくりとは、生活支援・介護・看護・医療が連携した総合対応だという先生の結論に拍手を送ります。また社会保障の充実に、外国の追従《ついじゅう》ばかりを良しとする御用学者・役人の言動には憤《いきどお》りさえ感じます。日本の社会に根付いた、創意工夫された介護医療保険制度ができるはずだ。

〔高校の先輩　元大学教授　老年科〕

初めは、光が丘パークヴィラのオープンまでのご苦労に体が硬《かた》くなってしまいました。教えられました。次からは何度も眼鏡《めがね》を外《はず》し、涙を拭《ふ》き拭き読み、共感し、感動し、考えさせられ、教えられました。最後に安心させられました。

〔入居者の知人〕

終の棲家を繙《ひもと》くたびに、私の心は雷鳴《らいめい》が走ります。「手紙～親愛なる子供たちへ～」の詩を読むたびに目を潤《うる》ませています。3人の子供たちにも読ませたいです。体のあちこちに故障が出て、老いの愁嘆場《しゅうたんば》を演じている私は、共感を覚えて身震いします。ご高齢者への愛と勇気をもって光が丘パークヴィラを創ってくださった理性に最高の賛美を送ります。

〔入居者のご親戚　京都在住――この方は以前より、しばしば光が丘パークヴィラを訪れては、施設をつぶさに観察し、他の施設と比べられ、詳しい感想を送ってくださっていた。いつも称賛と激励の手紙をいただき、私の力になり、本の出版の動機付けをしてくださった方でもある。その手紙のやり取りは、一冊のファイルになったほどだ。〕

四半世紀も前に、この事業の重要性を認識され、その具体化を着実に推進されてきたことに驚きを感じています。また、心血を注がれてきた事業の来歴をありのままに克明《こくめい》に記録され、今後の課題を提起されている真摯《しんし》な姿勢、それに全体を通していつも、〃サムシング・グレート〃を意識されていることに感動を覚えました。

〔高校の同級生　先端企業の元副社長――牧師の家に生まれた方、お兄様は神学者、高校時代の一時期、ご教示《きょうじ》いただいたこともあった。科学と宗教の狭間《はざま》で思いを巡らしていたのだろう。それが〝サムシング・グレート〟の言葉になったのだろうと思った。」

こんなにも激励していただき、身の引き締まる思いである。これからご期待に添える生き方ができるか、言うは易《やす》く、行なうは難《かた》し、重い責任を感じている。

この『終の棲家を求めて』の出版には、前橋高校の同級生である、林佑俸君の力をお借りした。原稿は自分で書いたが、まとめはプロとしての彼の力を借りた。彼の手にかかると、断片的な文章が本の体裁をつくるから不思議だ。今回で3度目の出版となるが、本になるかと自信がなかったので読んでいただいたら、立派な本になるよといわれて出版する決心がついた。3度もお付き合いをいただいたことに感謝している。

✼光が丘パークヴィラで働く職員の皆様へ

光が丘パークヴィラは、開設以来30年が経過しました。開設以来のコンセプトは、「生活支援・介護・看護・医療支援の連携」です。これがなければ、本当の老人対応はできないと考えました。高齢者は、これらの支援が連携されなければ、バラバラでは、途切れては、安心した生活ができません。この考え方は、近年ますます重要になっています。しかしながら、我が国での老人支援は従来から縦割りでした。だから私たちは、このコンセプトに挑戦してきたのです。職員の皆様も、ぜひ考えを一つに、老人を支えてください。

「終の棲家」というのは、最期まで暮らせる我が家でなければなりません。この目標は、皆様のおかげで達成されつつあります。当施設内での看取りは85%を達成し、日本人の死亡場所で最も多い病院の80%という数字をはるかに超えました。この実績は、今大変関心を集めておりますので、これからも、日本の老人施設の見本になるよう、皆様のご協力をお願いいたします。今まで通りの対応に、さらに磨きをかけてください。

私たちがめざしているのは、トータルできめ細かな老人対応です。それを実現するためには、チームワークが必要です。自分の職域だけにとどまるのではなく、一人一人が幅広い考えと思いやりを持って、相手の仕事も理解することが大切です。職種を超えたチームワークがなければ、この目標は達成されないと、そんな考えのもとに、私は今まで仕事をしてきました。私自身も医師の立場を超えて、何にでも手を出してきました。施設で働く人全員が共通の認識を持たなければ、チームワークを発揮することはできず、連携することができないからです。

老人にとっては、ちょっとした声がけ、お手伝いが、とても嬉しいことなのです。ですから廊下でお会いしたら、黙って通り過ぎず、必ず声をかけましょう。「おはようございます」、「お帰りなさい」、「こんにちは」、「行っていらっしゃい」、何でもよいから声をかけましょう。自然に出る言葉が大切です。

そんな一声に、どれだけ癒されるか、入居者の皆様からの声でわかります。職員一人一人のそんな対応が、ご入居者にはほっとする一瞬のようです。外から帰った時の、「お帰りなさい」の一声に、「家に帰ったようで、ほっとした」、「安心した」、「安らぎを覚えた」と話されます。これが信頼関係を構築するための基礎なのです。

光が丘パークヴィラの職員も入居者も、一つの大きな家族と考えましょう。そんな意識を持って仕事をすることが、どんなに大きな力になるか、どんなに良い世界をつくっていくか計り知れません。安らぎを与えることが信頼につながります。

時には、そんな行動が通じない方もおられます。それはそれでよいのです。期待をせず、一人一人に同じように対応してゆきましょう。きっとわかっていただけます。一人一人に真心で対応していれば、いつかは心を開いてくれます。

職員の皆様がそんな気持ちで接していれば、外来者にもわかります。外来者もそれを見て、聞いて安心します。良い輪が自然と広がります。

「お世話になります」、「お蔭《かげ》さまで」、「ありがとうございます」は、日本人の和の精神、大切にしてゆきましょう。言葉だけではなく、おもてなしの心がなければ通じません。そんな心がけで仕事をしましょう。

光が丘パークヴィラには、お歳を召されても元気な入居者がたくさんおられます。最近も、いったんは病院で検査も手術も無理だと言われながら、健康年齢を加味《かみ》して手術をしていただいた方がいらっしゃいました。その後は快方に向かい、現在も本館で元気で暮らしていらっしゃいます。皆様には大変お世話をかけましたが、大変喜んで感謝しておられます。こんな一つ一つのことが、私たちの励みになります。

老人対応の一つの新しい世界をつくりましょう。ご苦労をかけますが、これからもよろしくお願いいたします。

中村美和

✻「手紙～親愛なる子供たちへ～」

秋の光が丘パークヴィラコンサートにお招きした、ソプラノ歌手の藤井多恵子さんが歌われた「手紙～親愛なる子供たちへ～」が大変人気で、歌詞を教えてほしいとの問い合わせが殺到《さっとう》した。子供に読ませたいとの声もあった。藤井さんは、80歳とは思えぬ、若い張りのあるお声で聴衆《ちょうしゅう》を魅了した。自らの介護経験を話されてから歌われたことで、より私たちの感動を誘うことになった。

この歌は、ポルトガル語で出回っていた作者不明の詩を、私の友人がネットで偶然手に入れて翻訳したのを、シンガーソングライターの樋口了一さんが詩を補《おぎな》い、曲を付けて

若い張りのある歌声で観客を魅了する藤井多恵子さん

完成させた。樋口さんは、「同じ話を繰り返す父の様子と重なり、《悲しいことではないんだ　消え去ってゆくように》などの詞を加えた」と言う。毎日新聞でも取り上げられ、坂巻士朗氏が「高齢の親から語りかける認知症の歌、介護の歌と呼ばれる一曲……（中略）老いの現実を見つめ、親子のきずなを考えさせるずっしりとした曲」とコメントしている。独《ひと》り歩きしていたのが偶然拾われて日本語に訳され、歌になり、さらには本にもなったという不思議な詩だ。

手紙～親愛なる子供たちへ

年老いた私が　ある日　今までの私と　違っていたとしても
どうかそのままの　私のことを　理解して欲しい
私が服の上に　食べ物をこぼしても　靴ひもを結び忘れても
あなたに色んなことを　教えたように　見守って欲しい
あなたと話す時　同じ話を何度も何度も　繰り返しても
その結末を　どうかさえぎらずに　うなずいて欲しい

あなたにせがまれて　繰り返し読んだ絵本の　あたたかな結末は
いつも同じでも　私の心を　平和にしてくれた
悲しいことではないんだ　消え去ってゆくように　見える私の心へと
励ましの　まなざしを　向けて欲しい

楽しいひと時に　私が思わず下着を濡《ぬ》らしてしまったり
お風呂に入るのを　いやがるときには　思い出して欲しい
あなたを追い回し　何度も着替えさせたり　様々な理由をつけて
いやがるあなたと　お風呂に入った　懐かしい日のことを
悲しいことではないんだ　旅立ちの前の準備をしている私に
祝福の祈りを捧げて欲しい

いずれ歯も弱り　飲み込むことさえ　出来なくなるかも知れない
足も衰えて　立ち上がることすら　出来なくなったなら
あなたが　か弱い足で　立ち上がろうと　私に助けを求めたように

よろめく私に　どうかあなたの　手を握《にぎ》らせて欲しい
私の姿を見て　悲しんだり　自分が無力だと　思わないで欲しい
あなたを抱きしめる力が　ないのを知るのは　つらいことだけど
私を理解して支えてくれる心だけを　持っていて欲しい

きっとそれだけで　それだけで　私には勇気が　わいてくるのです
あなたの人生の始まりに　私がしっかりと　付き添ったように
私の人生の終わりに　少しだけ付き添って欲しい
あなたが生まれてくれたことで　私が受けた多くの喜びと
あなたに対する変わらぬ愛を持って　笑顔で応えたい

私の子供たちへ
愛する子供たちへ

読み終わって、グッとくる感動はなんだろうか。多くの老人を見ながら、大切にしなければいけない心と感情を、実感として感じたからだろうか。静かにもう一度読み返してみようと思う。

巻末年表　光が丘パークヴィラの歩み

年号		光が丘パークヴィラ	背景
1963	昭38		7月11日 老人福祉法制定
1968	昭43	3月 中村内科クリニック開設	
1973	昭48		現在の有料老人ホームの走りが浜松市にできる
1974	昭49		11月 有料老人ホーム設置運営標準指導指針制定
1980	昭55		向陽会サンメディック倒産事件
1981	昭56		6月 有料老人ホーム設置運営標準指導指針改正
1982	昭57		2月 社団法人全国有料老人ホーム協会設立
1983	昭58		2月 老人保健制度創設
1985	昭60	3月 光が丘パークヴィラ開設 返還金銀行保証制度第一号施行（三菱信託銀行） 4月 中村内科クリニック旭町分院開設	
1989	平元	3月 介護費用保険創設（東京海上保険） ※入居返還金より購入。介護保険がまだなかったため、その代わりに考えた。積極的に働きかけてつくる。入居金返還金より立て替え、1人約400万円。その後介護保険ができ、老人ホーム協会の入居者基金ができて廃止する。当時約1億4000万円で購入、寝たきりで月20万円支給。	
1994	平6	7月 光が丘パークヴィラ付属ケアセンター開設	
1998	平10		4月 有料老人ホーム設置運営標準指導指針改正
2014	平26	9月1日 入居定員を130名から140名に増員改定	4月30日 有料老人ホーム料金改定
2015	平27		5月29日 老人福祉法改正 12月22日 東京都有料老人ホーム設置運営標準指導指針改正
2016	平28	4月1日 入居金改訂	4月1日 東京都有料老人ホーム設置運営標準指導指針適用

おわりに

開設以来31年が経過し、その思い出を振り返った。思えば31年はあっという間だった。それだけいろいろなことがあり、充実した日々だったのだろう。高齢者の身をお預かりするのだから、何かあったら大変と気が抜けない日々だった。

思い返せば31年の間に休んだ日が数えられた。晩年になり、子供も医師になり頼めるようになったから、大学の同期会に出るようになり、1年に1度2泊3日の旅行をしたが、それでもめったに休んだことはない。他は父や母の葬儀くらいか。風邪を引いて休んだこともなかった。入居者の看取り、葬儀には必ず顔を出したから、休む暇《ひま》がなかった。看取りの前には長い期間があったから、気を遣うことも多かった。

しかし入居者の安心の笑顔に囲まれ、穏《おだ》やかな日々だった。一人一人が穏やかな一生だったか、安らかな死を迎えられたか、いつも頭から離れず、お亡くなりになると反省した。しかし家族から感謝の言葉をいただくと、これでよかったのだと心は満たされた。一人一人想いが残らないようにしよう、自分のできる範囲の全力を尽くす、これ以外にはないと確信していたから、後には何も残らないし、憂《うれ》いもなかった。その結果穏やかに暮らせる、これこそ一番だと思う。こうしたら良かった、ああしたら良かったと、思いを残さず、1件1件全力で対応したからだ。後は想いもなくすっきりした気持ちになる。これが私の生き方だ。

私は目をつぶっても、そのようなことで思いをめぐらしたことはない。振り返って見れば、長い私の人生、いろんなトラブルがあったが、予期しない形で解決している。恨《うら》みを残すことは1件もなかった。しかし人間の欲は際限《さいげん》ないから、私の思うことを理解しない人もいるかもしれない。私はきっちり解決できたと思っているので想いは残らないのだ。

私は無神論者だから、神にすがることはなかった。私の体は、遺伝子暗号で規定されており、祈りや願いではどうにもならないと考えていた。祈りも願いもないのに人生では不思議な展開があった。これはなんだろう。人間の生命の誕生、その一生を規定する遺伝子暗号、しかしそれだけでは解決しない問題があった。即物世界、科学の世界と精神世界、心と魂の世界があるからだろう。そしてその精神世界と遺伝子の世界は見えない糸でつながっていると、そう考えないと解決しないからだ。他人の心には入り込めないし、無意識の世界にある魂には近寄れない。それが見えない糸で結ばれる、そう考えないと人間は理解できない。

私の神は宇宙、祈っても、願っても、かなえてくれない神だ。誠意を尽くし、その審判を待つしかない。しかしもう一つの世界、精神の世界は、考え方によっては遺伝子の暗号をオンにして、不思議な展開をするかもしれない。私の神、宇宙、サムシング・グレートと精神世界は、不思議な糸で結ばれるかもしれない。しかしこの糸はつくれない糸だ。誠意を尽くし、その裁《さば》きに従うしかないのだろう。心を穏やかに持とう。誠実に生きよう。それしかないのではないかと思う毎日だ。

目をつぶると、昔の思いが走馬灯《そうまとう》のようによみがえる。楽しいことが強くよみがえるが、苦しい場面は淡《あわ》い思い出になるから不思議だ。楽しい夢を見ながらこれからも生きようと思う。天を仰《あお》ぎ手を合わせ、日々生きていることに感謝をしよう。

２０１８年１月

光が丘パークヴィラ代表　中村美和

【著者プロフィール】

中村 美和（なかむら よしかず）

群馬県前橋市生まれ　前橋高校出身

1961年　長崎大学医学部卒

1961年　三楽病院（神田駿河台）インターン

1962年　群馬大学第二内科勤務　医学博士

1968年　医療法人社団祥和会　中村内科クリニック開設

1985年　光が丘パークヴィラ開設

付属診療所開設

1994年　付属ケアセンター開設

職歴

医療法人社団祥和会　中村内科理事長

株式会社 光ガ丘ヘルスケア（光が丘パークヴィラ）代表取締役

元東板橋医師会常任理事

元社団法人全国有料老人ホーム協会監事

続《ぞく》・終《つい》の棲家《すみか》を求《もと》めて
ある内科医《ないかい》が挑戦《ちようせん》した30年《ねん》の記録《きろく》
施設内看取《しせつないみと》り85%を達成《たっせい》して

2018年2月13日　第1刷発行

著　者　中村美和
発行人　久保田貴幸

発行元　株式会社 幻冬舎メディアコンサルティング
〒151-0051　東京都渋谷区千駄ヶ谷4-9-7
電話　03-5411-6440（編集）

発売元　株式会社 幻冬舎
〒151-0051　東京都渋谷区千駄ヶ谷4-9-7
電話　03-5411-6222（営業）

印刷・製本　中央精版印刷株式会社

検印廃止

Printed in Japan
ISBN 978-4-344-91570-1 C0095
幻冬舎メディアコンサルティングＨＰ
http://www.gentosha-mc.com/